Studium Universale

Schriftenreihe der Universität Bonn
Herausgegeben im Auftrag des Rektors
von der Senatskommission für das Studium Universale
Geschäftsführer: Prof. Dr. W. Lenders

Band 10

ENTSCHEIDUNG FÜR DEN WESTEN

Vom Besatzungsstatut zur Souveränität der Bundesrepublik 1949 – 1955

Mit Beiträgen von
Wilhelm G. Grewe,
Hans G. Hockerts,
Hans-Peter Schwarz,
Kurt Sontheimer,
Wilhelm Treue

Herausgegeben von
Manfred Funke

1988

Bouvier Bonn

Entscheidung für den Westen

CIP-Titelaufnahme der Deutschen Bibliothek.
Entscheidung für den Westen: vom Besatzungsstatut zur Souveränität d. Bundesrepublik 1949-1955/mit Beitr. von Wilhelm G. Grewe ... Hrsg. von Manfred Funke. - Bonn: Bouvier, 1988
(Studium universale; 10)
ISBN 3-416-04007-4
NE: Grewe, Wilhelm G. [Mitverf.]; Funke, Manfred [Hrsg.]; GT

 Printed in Germany. Herstellung: Jochen Klein. Satz: Siering KG, Bonn. Druck und Einband: Druckerei Plump KG, Rheinbreitbach.

INHALTSÜBERSICHT

VORWORT

Im Zusammenhang mit der Analyse und Aufarbeitung der nationalsozialistischen Herrschaft sind auch Anfänge und Vorgeschichte der Bundesrepublik Deutschland auf verstärktes Interesse gestoßen. Zunehmend deutlicher tritt ins Bewußtsein, daß die Errichtung der Bundesrepublik Deutschland nicht nur Vorgeschichte unseres heutigen Staates, sondern zugleich Wirkungsgeschichte des Dritten Reiches mit allen ihren bewältigten und unbewältigten Problemen ist.

Weiß die jüngere Generation aber genug von den Bedingungen, unter denen der Neuaufbau auf den Trümmern des totalen Zusammenbruchs stand, um die Anfänge der Bundesrepublik Deutschland und damit die Grundlagen unserer heutigen staatlichen Existenz zutreffend beurteilen zu können? Entscheidende Weichenstellungen, etwa in der Sicherheits- und Deutschlandpolitik, aber auch in der Wirtschafts- und Gesellschaftsordnung, wurden in den ersten Jahren der Nachkriegszeit vorgenommen. Das Grundgesetz ist in dieser Zeit und aus dieser Zeit heraus entstanden. War es eine Anknüpfung an die Weimarer Ära oder ein entschiedener Neuanfang der politischen Gestaltung? Wie können und wollen wir dies heute beurteilen?

Die Antworten auf diese Fragen sind von der bisherigen zeitgeschichtlichen Forschung in vielfältigster Weise gegeben worden. Sie unter spezifischen Problemstellungen erkenntnisleitend für ein größeres Publikum zu bündeln, erschien im Zeichen der dreißigsten Wiederkehr jenes Jahrestages (5. Mai 1955) besonders angemessen und verpflichtend, an dem die Bundesrepublik Deutschland ihre Souveränität gewann. Gemeinsam mit der Landeszentrale für Politische Bildung beim Minister für Wissenschaft und Forschung des Landes Nordrhein-Westfalen veranstaltete deshalb die Universität Bonn im Wintersemester 1984/85 eine Ringvorlesung zur Gründungsepoche der zweiten deutschen Republik.

Die Vortragsreihe wurde am 22. Oktober 1984 von Staatssekretär Dr. Konow und Universitätsrektor Prof. Dr. Böckle eröffnet. Erster Referent war Prof. Dr. Hans-Peter Schwarz. Am 5. und am 19. November 1984 folgten die Vorträge von Prof. Dr. Hans Günter Hockerts und Prof. Dr. Dr. h.c. Wilhelm Treue. Der Vortrag von Prof. Dr. Kurt Sontheimer am 3. Dezember 1984 beendete die erste Hälfte der Veranstaltungsreihe, die weit über den Bonner Raum hinaus großes, ständig zunehmendes Interesse fand. Im zweiten Zyklus sprachen Prof. Dr. Rainer Lepsius am 14. Januar und Botschafter a. D. Prof. Dr. Dr. h.c. Wilhelm Grewe am 28. Januar 1985. Alle Herren stellten sich im Anschluß an ihre Referate einer Diskussion mit Bonner Bürgern und Studenten, die zu Hunderten die einzelnen Veranstaltungen besuchten.

Die Themen und Referenten waren unter beratender Teilnahme der Düsseldorfer Landeszentrale für Politische Bildung von einer Kommission der Universität Bonn ausgewählt worden. Dieser Kommission stand der Geschäftsführer des STUDIUM UNIVERSALE Prof. Dr. Winfried Lenders vor. Ihr gehörten an Prof. Dr. Klaus Hildebrand (Historisches Seminar), Prof. Dr. Josef Isensee (Institut für Öffentliches Recht) und Dr. Manfred Funke in Vertretung der Direktoren des Seminars für Politische Wissenschaft.

Alle Vorträge fanden ein so außerordentlich positives Echo, daß die Referenten um eine Druckfassung ihrer Ansprachen gebeten wurden. Sie sind nunmehr in diesem Band zusammengefaßt. Leider konnte der Text des Vortrages von Prof. Dr. Lepsius über die Formation der westdeutschen Gesellschaft 1949—1955 letztendlich nicht zur Verfügung gestellt werden. Auch einige andere organisatorische Probleme verzögerten das Erscheinen des Bandes. Dies ist gewiß zu verantworten, da sein Inhalt über den Tag hinaus von besonderem Gewicht bleiben wird.

Manfred Funke

HANS-PETER SCHWARZ

ENTSCHEIDUNG FÜR DEN WESTEN

Sicherheit, Souveränität, Freiheit und Wiedervereinigung als Strukturelemente westdeutscher Außenpolitik 1949—1955

„Entscheidung für den Westen" — das Thema meines Vortrags erweckt die Vorstellung einer einmaligen Entscheidungssituation, in der eine klare außenpolitische Grundorientierung zu treffen ist. Es grenzt den Vorgang zudem — entsprechend der Anlage dieser Vortragsreihe — auf die Periode von 1949—1955 ein.

Richtig ist, daß es sich bei der „Entscheidung für den Westen" tatsächlich um einen fundamentalen Vorgang handelt, der die deutsche und die europäische Geschichte der folgenden Jahrzehnte genauso maßgebend bestimmt wie frühere Grundentscheidungen — etwa der Westfälische Friede von 1648, die Schlußakte des Wiener Kongresses von 1815 oder die Reichsgründung zwischen 1866 und 1871. Festgelegt wird die innere Ordnung in Deutschland, festgelegt werden gleichfalls die Strukturen des europäischen Staatensystems, das die deutsche Geschichte kanalisiert.

Aber wie die Reichsgründung ist auch die „Entscheidung für den Westen" nicht in einem einzigen Jahr gefallen. Ich werde auch auszuführen haben, daß der Gesamtvorgang schon vor Gründung der Bundesrepublik beginnt. Er umfaßt beinahe ein ganzes Jahrzehnt — setzt im Frühjahr 1946 ein, gewinnt 1948, dem eigentlich entscheidenden Jahr der europäischen Nachkriegsentwicklung, an Tempo und kommt in der Tat mit dem Inkrafttreten des Deutschlandvertrags, mit dem Beitritt der Bundesrepublik zur NATO und mit der Souveränität des westdeutschen Staates im Mai 1955 zu einem gewissen Abschluß. Was aber in dem Thema suggestiv als „Entscheidung" bezeichnet wird, ist in Wirklichkeit ein ganzes Knäuel ineinander verschlungener Entscheidungsprozesse, kompliziert und schwer zu entwirren, wie es jeder wichtige Vorgang der internationalen Politik ist.

Versuchen wir, erst einmal zu präzisieren, was sich bei der „Westbindung", der „Westintegration" oder — in der Terminologie unserer Reihe — der „Entscheidung für den Westen" tatsächlich abgespielt hat, bevor wir uns den kontroversen Fragen hinsichtlich der Bedingungsfaktoren, Motive, Zielvorstellungen zuwenden.

Vereinfacht gesehen, vollzieht sich die „Westbindung" auf *vier* Ebenen, die natürlich miteinander verbunden sind und einander gegenseitig bedingen.

1. Als erstes ist hier die *verfassungspolitische Ebene* zu nennen. „Entscheidung für den Westen" bedeutet in dieser Hinsicht positiv die Gründung eines demokrati-

schen Verfassungsstaates, der Bundesrepublik Deutschland, sowie die internationale und politisch-psychologische Stabilisierung dieser Demokratiegründung, alles Vorgänge, die erstaunlich rasch ablaufen — nämlich in der Tat in den Jahren 1949—1955. Negativ gesehen bedeutet die Entscheidung für das, was man vielfach die „westliche Demokratie“ nennt, eine kompromißlose Abkehr von allen früheren Versuchen, eine original deutsche Staatsform zu entwickeln, die mehr oder weniger deutlich von denen des Westens verschieden ist. Es bedeutet aber genauso eine Abgrenzung gegen das konkurrierende kommunistische System, das gleichzeitig in der DDR aufgebaut wird.

2. Die zweite Ebene ist die der *Wirtschaft.* Die Jahre 1948 bringen das Comeback auf die Weltmärkte, und zwar auf Weltmärkte und auf einen europäischen Markt, die nach den Vorstellungen der westlichen Großmächte gestaltet sind, besonders der USA. Die Bundesrepublik muß sich im wohlverstandenen Eigeninteresse einfügen — in das System der OEEC, der EZU, der Montanunion, des GATT, in das System von Bretton Woods und in vielfältige Formen der Kontrolle und Steuerung, die erst in den frühen fünfziger Jahren Zug um Zug gelockert werden.

3. Die dritte Dimension, in der sich die „Entscheidung für den Westen“ vollzieht, ist die der *Sicherheitspolitik.* Hierbei geht es um die großen Vertragssysteme — EVG und NATO —, um die militärische Präsenz der NATO, um den deutschen Wehrbeitrag, seit 1956 auch um die Kernwaffenausrüstung.

Die große Streitfrage jener Jahre, die eine Generation später von der Zeitgeschichtsforschung nochmals diskutiert wird, lautete: Erforderte die verfassungspolitische und die wirtschaftliche Hinwendung zu den Staaten des Westens gleichzeitig auch die sicherheitspolitische Integration? Europa kannte ja schon damals Staaten, die Demokratien und zugleich in den westlichen Weltmarkt integriert sind, ohne Teilnahme an NATO oder WEU: die Schweiz, Schweden, Finnland, seit 1955 auch Österreich. Wäre eine analoge Entwicklung nicht auch für die Bundesrepublik Deutschland möglich gewesen — die Westbindung auf den Ebenen der Verfassungspolitik und der Wirtschaft, unter Aussparung der Ebene Sicherheit?

4. Die vierte und letzte Ebene, die häufig vergessen wird, soll zwar auch in unserem Zusammenhang nicht weiter erörtert werden, sie bedarf wegen ihrer Wichtigkeit aber doch der Erwähnung: die Dimension der *Kultur.* Die Ideen- und Kulturgeschichte der deutschen Westorientierung jener Jahre harrt noch ihrer Historiker. Sie müßte viele Kapitel enthalten: die Begegnung der deutschen mit amerikanischer, britischer, französischer Literatur, Philosophie und Kunst, was nach zwölf Jahren weitgehender Abgeschlossenheit wieder möglich war; die ökumenischen Treffen deutscher, amerikanischer, britischer, schweizerischer, französischer Theologen und Laien; die Faszination durch den französischen Film, durch den Jazz der amerikanischen Schwarzen, aber auch durch den vielfältigsten Ideentransport auf den Feldern der empirischen Sozialwissenschaften, der Architektur, der Verkehrsorganisation, der Pädagogik bis hin zur Übernahme eines neuen, urbanen, tendenziell kosmopolitischen Lebensstils durch große Teile der Bevölkerung.

Was sich abspielt, ist also auf der einen Seite Wiederanknüpfung an Entwicklungen, von denen Deutschland in der NS-Zeit ziemlich abgeschnitten war. Es ist aber mehr: in einundeinhalb bis zwei Nachkriegsjahrzehnten verblassen in Westdeutschland auch jene spezifisch deutschen Denk- und Verhaltensweisen auf vielen Feldern, die besonders seit dem Ersten Weltkrieg, verstärkt im Dritten Reich, zu einem künstlich aufgeplusterten deutschen Identitätsbewußtsein geführt hatten. Das Bewußtsein deutscher Einzigartigkeit, deutscher Sendung, deutscher kultureller Überlegenheit macht einer lockeren Akzeptanz der kulturellen Leistungen der westlichen Nachbarn Platz, und zweifellos verstärkt die Einbettung in einen gesamtwestlichen Ideenkosmos, in eine breit gelagerte westliche Zivilisationslandschaft bis heute die Westbindung in den zuvorgenannten Dimensionen.

Auch dabei machten sich die besonderen Bedingungen der Ost-West-Spaltung verschärfend bemerkbar. Das kulturelle Leben in den sozialistischen Staaten ist ja selbst heute noch langweiliger, weniger vielfältig, weniger spontan als das der pluralistischen Gesellschaften des Westens (trotz der Ausnahmen, die wir alle kennen). In den späten vierziger und fünfziger Jahren ist das aber noch unvergleichlich ausgeprägter gewesen. Der späte Stalinismus hatte sich wie eine dicke Eisdecke über die Kultur in Osteuropa und Ostmitteleuropa geschoben. Die ganz natürliche Folge: kulturelle Impulse kamen damals fast nur aus den westlichen Gesellschaften.

„Entscheidung für den Westen" — das ist also ein Vorgang, der sich in verschiedenen Dimensionen abspielt, wobei sich die Dynamik des dort zu studierenden Ablaufs gegenseitig verstärkt, so daß ein großer Sog entsteht, der überhaupt erst erklärbar macht, weshalb die Westdeutschen den Westen *freiwillig* und im großen und ganzen ohne erbitterte Widerstände gewählt haben. Die Freiwilligkeit der Entscheidung für den Westen ist das Kernelement der ganzen Entwicklung, und sie wäre zweifellos nicht denkbar gewesen, wenn sich nicht Wertvorstellungen, Interessen, Daseinsgefühl, politische und außenpolitische Ideen so vielfältig miteinander verbunden hätten.

Wo liegen aber bei diesem Vorgang, wie er heute aus einigem Abstand erforscht wird, die geschichtlichen Streitfragen? Wie stellt sich die Verknüpfung der Problemfelder dar? Was war umstritten, was unumstritten, und wie sind die Kontroversen der späten vierziger und frühen fünfziger Jahre heute zu bewerten?

Bevor die verschiedenen Problemfelder im einzelnen in der gebotenen Kürze erörtert werden, sei aber doch eine knappe Bemerkung zur Quellenlage und zum Forschungsstand, sowie eine weitere zur Eigenart zeitgeschichtlicher Kontroversen vorgeschaltet.

Die Vorgänge sind sehr unterschiedlich erforscht, und auch die Quellenlage ist noch nicht ideal. Wegen der Dreißigjahrsperre werden Darstellungen über die Diplomatiegeschichte der frühen fünfziger Jahre, die sich auf eine umfassende Auswertung westlichen Archivguts stützen können, noch einige Jahre auf sich warten lassen. Es gibt erst interessante Detailstudien. Doch weiß jeder Historiker, daß sich das Gesamtbild häufig stark verändert, wenn erst alle relevanten Akten zugänglich sind.

In der Diplomatiegeschichte gibt es zudem den bekannten großen weißen Fleck: die Entscheidungsprozesse in der Sowjetunion. In dieser Richtung sind und bleiben wir auf bald mehr, bald weniger intelligente Vermutungen angewiesen, so daß eben weder eine verläßliche Geschichte des Kalten Krieges geschrieben werden kann, noch eine fundierte Darstellung etwa der vielumstrittenen sowjetischen Deutschlandpolitik in jenen Jahren, speziell in der Periode 1952/53, die zu so vielen Kontroversen Anlaß gegeben hat und noch gibt.

Westlicherseits vergleichsweise gut erforscht sind (mit den eben genannten Einschränkungen) die Diplomatiegeschichte, vor allem aber die innenpolitischen Entwicklungen. Hinsichtlich der Positionen der Parteien, der Verfassungsberatungen im Parlamentarischen Rat, auch hinsichtlich der Motive einzelner Spitzenpolitiker wie Adenauer, Schumacher, Erhard u.a. können wir uns schon ein genaues Bild machen. Auch die Sicherheitspolitik (die Planungen, die zum Aufbau der Bundeswehr führten, die EVG-Verhandlungen) sind schon vergleichsweise häufig und ziemlich verläßlich bearbeitet worden. Ganz unbefriedigend ist dagegen die Erforschung der Wirtschaftspolitik jener Periode. Sie setzt erst heute voll ein, so daß gerade große Komplexe wie etwa die EGKS und die Zusammenhänge mit der alliierten Entflechtungspolitik — also Schlüsselprobleme jener Jahre — noch in keiner Weise hinlänglich erforscht sind. Überblickt man aber den heutigen Forschungsstand, so kann man sich doch einer illusionslosen Feststellung nicht entziehen (das wäre meine zweite vorgeschaltete Bemerkung). Die Zeithistoriker der siebziger und der frühen achtziger Jahre scheinen dazu verurteilt, die politischen Kontroversen der vierziger und der fünfziger Jahre noch einmal durchzukämpfen. Im Licht der Historiographie ist das gewiß kein überraschender Vorgang. Die Palme großer Originatität ist dabei freilich nicht zu erringen.

Im Grunde begegnen uns die bekannten zeitgenössischen Streitfragen erneut: Wen trifft die Schuld an der Teilung Deutschlands? Ist 1952 und 1953 eine Sternstunde zur deutschen Wiedervereinigung ungenutzt vorbeigegangen? Hätte es Alternativen zum Aufbau der Bundeswehr und zum Eintritt in die westlichen Sicherheitsgemeinschaften gegeben? Hat Adenauer die Wiedervereinigung gewollt oder nicht?

Diese und andere Fragen werden — natürlich auf der Basis ausgiebigen Aktenstudiums — unablässig hin und her gewendet, wobei die Bewertung wohl oder übel dann auch dieselben Argumentationsmuster aufweist.

Forschungen, in denen die Zusammenhänge mit ganz neuen Fragestellungen analysiert werden, sind vergleichsweise selten. Auch in diesem Punkt wird erst mehr zu erwarten sein, wenn die Aktenlage besser ist.

Worum ging es nun im einzelnen bei der Entscheidung für den Westen? Welche Faktoren haben in erster Linie Gewicht gehabt? Und von welchen Vorstellungen ließen sich die maßgebenden Akteure dabei leiten?

Vereinfacht gesehen, haben sich die demokratischen Parteien der Bundesrepublik *fünf* großen Aufgaben gegenübergesehen:

1. sie bekamen noch einmal die Chance, einen demokratischen Verfassungsstaat zu gestalten, wobei alle Fehler vermieden werden mußten, die zum Scheitern der Weimarer Republik geführt hatten;

2. die Deutschen mußten um jeden Preis das Land wiederaufbauen, wobei allen Beteiligten klar war, daß mit dem wirtschaftlichen Wiederaufbau auch der Wiederaufbau einer völlig zerrütteten Gesellschaft Hand in Hand gehen mußte;

3. beides setzte voraus, daß die Westzonen möglichst rasch und möglichst uneingeschränkt aus der Besatzungsherrschaft herauskamen und die Souveränität erhielten;

4. mit diesen drei Aufgaben verbunden war die Gewährleistung der Sicherheit; wenn es nicht gelang, Westdeutschland vor dem Zugriff der Sowjetunion zu sichern und den Frieden zu erhalten, brauchte man auch auf die Entwicklung der Demokratie, auf den Wiederaufbau und auf die Souveränität keine weiteren Gedanken mehr zu verschwenden;

5. und letztens: die Wiedervereinigung. Das war nach Lage der Dinge die schwierigste Aufgabe, und die Zielkonflikte zwischen den vier an erster Stelle genannten Aufgaben und dieser waren ganz offenkundig.

Betrachtet man die Evolution der zeitgeschichtlichen Diskussion in den letzten Jahren, so entsteht der Eindruck, als sei es in den Jahren 1948 bis 1955 überhaupt nur um den Gegensatz zwischen Westbindung und Wiedervereinigung gegangen. Eine angemessene Analyse wird aber von dem Sachverhalt ausgehen müssen, daß es die Politik mit einer Art *magischem Fünfeck* zu tun hatte. Die Hauptziele, um die es dabei ging, lauteten abgekürzt: *Freiheit, Wiederaufbau, Souveränität, Sicherheit, Wiedervereinigung.*

Lassen Sie mich im folgenden versuchen, diese fünf Hauptziele in ihrer Widersprüchlichkeit und in ihrer unauflöslichen Interdependenz zu analysieren. Es zeigte sich, daß die vier ersten Hauptziele allesamt mit der Entscheidung für den Westen optimal lösbar waren. Für das fünfte Ziel gab es keine befriedigende Lösung, genauer gesagt: man konnte nur bemüht sein, die Gesamtentwicklung so zu arrangieren, daß eine künftige positive Lösung nicht ausgeschlossen war — als Offenhalten der deutschen Frage.

I.

Entscheidung für den Westen bedeutete als erstes: Entscheidung für den Aufbau eines demokratischen Verfassungsstaates.

Die republikanischen Traditionen, an die anzuknüpfen war, waren durchaus vorhanden. Man mußte nur an das Modell anknüpfen, das zwischen 1919 und 1933 mit der Weimarer Republik konkretisiert worden war. Die praktische Ausgestaltung des seinerzeitigen Demokratiemodells in der Weimarer Reichsverfassung und im Weimarer Parteiensystem hatte sich zwar nicht bewährt, aber der grundlegende

Ansatz — liberaler Verfassungsstaat mit Grundrechtsschutz, Gewaltenteilung, Parteienkonkurrenz, politischer und gesellschaftlicher Pluralismus — schien unverändert aktuell. Die Führungsgruppen der westdeutschen Verfassungsparteien bestanden zu einem Gutteil aus „Weimaranern" — also aus überlebenden Repräsentanten der demokratischen Linken, der Mitte und der demokratischen Mitte-Rechts-Gruppierungen. Daß nach der Katastrophe von Weimar und des Dritten Reiches ein neuer Anlauf gemacht werden mußte, war überhaupt nicht strittig.

Politiker wie Theodor Heuss, Konrad Adenauer, Kurt Schumacher und viele andere wußten sich also durchaus in einer genuin deutschen Verfassungstradition. Wie kam es denn aber, daß das Wiederaufgreifen des im Frühjahr 1933 unterbrochenen verfassungsstaatlichen Entwicklungsstrangs als Entscheidung für die „Westliche Demokratie" begriffen wurde? Dies hatte zwei Gründe: einen verfassungsgeschichtlichen und einen, der unmittelbar mit der Nachkriegskonstellation zu tun hatte. Verfassungsgeschichtlich hatten sich seit der Reichsgründung Ideologien und Formen eines „deutschen Sonderwegs" ausgeprägt, die der Erste Weltkrieg noch verschärfte.

Bekanntlich ist ein überwiegender Teil der deutschen Öffentlichkeit einschließlich der maßgebenden Staatsrechtslehrer bis zum Ersten Weltkrieg der Auffassung gewesen, die konstitutionelle Monarchie sei die für Deutschland ideale Staatsform und zudem ein Modell eigener Art, unterschieden sowohl von westlichen Demokratien wie das republikanische Frankreich und die USA, aber auch vom autokratisch regierten Rußland. Die Kriegsideologie von 1914 verschärfte die Überzeugung von der Einzigartigkeit eines verfassungspolitischen deutschen Sonderwegs.

Greifen wir zur Illustration nur einen ihrer Theoretiker heraus, den Theologen Ernst Troeltsch, der sich nach dem Krieg selbst davon distanzierte, auf den aber der Begriff „Ideen von 1914" mit zurückgeht und der dabei formulierte: Die Freiheit westeuropäischer Tradition hafte „am isolierten Individuum und seiner überall gleichen Vernunft", deutsche Freiheit „am Leben des Volksganzen und an der persönlichen Einsetzung für und Einreihung in dieses." „Das Jahr 1914 muß einen Fortschritt in der Freiheit bedeuten, aber diese Freiheit wird von französischen und englischen Nachahmungen sich lösen und eine deutsche Freiheit sein, die in erster Linie Sache der Gesinnung und des Lebensstiles, dann aber auch der klar erkennbare Geist unserer öffentlichen Einrichtungen sein muß. Die Westeuropäer mögen dann dazu sagen, was sie wollen."[1]

Anti-westliche deutsche Identität: dies war das eine Stichwort — bei Thomas Mann mit den „Betrachtungen eines Unpolitischen" (1918), bei Werner Sombart, Max Scheler und zahllosen anderen.

Manche haben sich nach dem Zusammenbruch im November 1918 als Vernunftrepublikaner auf den Boden des demokratischen Verfassungsstaates gestellt —unter ihnen auch Troeltsch und Thomas Mann. Aber die Weimarer Republik wurde

[1] cit. nach Hermann Lübbe: Politische Philosophie in Deutschland. Basel — Stuttgart 1963, S. 229.

eben doch vom Kapp-Putsch bis zum bitteren Ende von jenen angefochten, die in verfassungspolitischer und gleichzeitig außenpolitischer Wendung gegen die westlichen Staaten, vor allem gegen Frankreich, eine Restauration der Monarchie in der einen oder anderen Form anstrebten.

Daneben entwickelte sich im Weltkrieg ein zweiter Strang antiwestlichen deutschen Selbstbewußtseins, der mit Formeln wie „preußischer Sozialismus" oder „nationaler Sozialismus" zu umschreiben ist. Die Stichworte waren auch hier von Intellektuellen gegeben worden, die an der ideologischen Mobilisierung zwischen 1914 und 1918 mitwirkten, etwa von Johann Plenge, der 1916 formulierte: „Unter der Not des Krieges schlug die sozialistische Idee in das deutsche Wirtschaftsleben ein ... und so gebar die Selbstbehauptung unserer Nation für die Menschheit die neue Idee von 1914, die Idee der deutschen Organisation, die Volksgenossenschaft des nationalen Sozialismus ..."[2]

Wieweit solche Vorstellungen die Geister für den Hitlerschen Nationalsozialismus vorbereiten halfen, ist hier nicht zu erörtern. Tatsache ist, daß sich hier ein Staatsverständnis ausformte, das von restaurativen Nostalgien ziemlich frei war und ein Staats- und Verfassungskonzept suchte, das der harten Welt des 20. Jahrhunderts angemessen wäre.

Erwähnt sei ein dritter Traditionsstrang, der gleichfalls auf die Weltkriegszeit und die ersten Nachkriegsmonate zurückgeht, auch wenn seine Wurzeln wie auch die der beiden anderen Strömungen tief im 19. Jahrhundert verhaftet sind: die auf der Linken entwickelten Räteideen. Dort wurden aus dem Klassenkampfdenken und aus der demokratischen Idee vage Vorstellungen entwickelt, die teilweise in die leninschen Ideen der Diktatur der Avantgarde des Proletariats einmündeten, teilweise in einen utopischen Sozialismus, der seither immer wieder fasziniert hat — nach dem Zweiten Weltkrieg, 1968, seit den späten siebziger Jahren.

Auch die Repräsentanten dieser Strömungen waren sich bei allen tiefgreifenden Unterschieden darin einig, daß die Zukunft nicht der bürgerlich-westlichen Demokratie gehöre.

Die geistigen Auseinandersetzungen mit den linken Kritikern des Parlamentarismus westlicher Prägung sind damals in erster Linie von und in der Sozialdemokratie geführt worden, die sich nach dem Ersten wie nach dem Zweiten Weltkrieg als Kampforganisation für den demokratischen Verfassungsstaat begriffen hat.

Die verfassungspolitische Entscheidung für die westliche Demokratie, die in den Westzonen Deutschlands und in der Frühzeit bundesdeutscher Geschichte gefallen ist, muß vor diesem hier nur kurz skizzierten geistesgeschichtlichen Hintergrund gewürdigt werden. Sie fiel so eindeutig und durchschlagend aus, wie nur wenige für möglich gehalten hatten.

Die letzten Reste konservativer Ideen eines deutschen Sonderwegs sind im Krieg im Umkreis des Widerstands entwickelt worden. Sie haben das Kriegsende nicht

---

[2] cit. nach Klaus Schwabe: Wissenschaft und Kriegsmoral. Göttingen 1969, S. 43.

überlebt, und seither ist der demokratische Verfassungsstaat von restaurativen Gefährdungen verschont geblieben. Es ist und bleibt bemerkenswert, daß nach 1945 in Theologie und Philosophie, im öffentlichen Recht und in den Politischen Wissenschaften konservative Alternativkonzepte zum westlichen Verfassungsstaat überhaupt nicht mehr diskutiert, geschweige denn in die konkrete Politik hineingetragen wurden. Das war künftig Schnee von gestern.

Erst recht diskreditiert waren die anti-westlichen Ideen eines nationalen Sozialismus auf völkischer und rassischer Grundlage. Es fanden sich keine ernstzunehmenden Intellektuellen mehr, die noch die Frechheit aufgebracht hätten, an diesen Traditionsstrang anzuknüpfen.

Allerdings sah es in den Köpfen der Bevölkerung am Anfang noch anders aus, verständlicherweise, denn Jahrzehnte anti-demokratischer Propaganda hinterlassen ihre Spuren. Immerhin haben sich bei Meinungsumfragen in der Bundesrepublik und in Berlin 1951 noch 32% der Befragten für eine Restauration der Monarchie ausgesprochen, 1957 noch 16%. 25% der Befragten meinten 1951, ein Einparteiensystem sei einer Mehrparteiendemokratie vorzuziehen; 1955 waren es nur noch 15%. 16% sprachen sich noch 1953 dafür aus, gegebenenfalls eine neue nationalsozialistische Partei zu unterstützen. Diese Zahl sank auf 11% im Jahre 1957, und auf 8% im Jahre 1962.[3] Vordringlich war also in den fünfziger Jahren weniger die Bekehrung anti-westlicher Eliten, die in der Weimarer Republik vielfach noch tonangebend gewesen waren, sondern die Überzeugungsaufgabe an der teilweise noch desorientierten, skeptischen Bevölkerung. Daß dies in weniger als einem Jahrzehnt gelungen ist, muß als einer der wichtigsten Faktoren bei der Entscheidung für den Westen begriffen werden.

Dennoch: von seiten der anti-westlichen Rechten ging keine echte Bedrohung mehr aus. Viel heftiger hingegen waren die Auseinandersetzungen auf der Linken. Man überspitzt nicht mit der Feststellung, daß der vielleicht entscheidende Vorgang verfassungspolitischer Westorientierung gar nicht die Einführung demokratischer Verfassung in den Ländern und im Bund gewesen ist. Die Kommunisten und später die SED haben sich anfänglich vorsichtig gehütet, etwa eine verfassungspolitische Alternative zum demokratischen Verfassungsstaat offen zu propagieren. Ihre Strategie lief in den ersten Nachkriegsjahren in ganz Europa darauf hinaus, in einem sogenannten anti-faschistischen Bündnis Respektabilität zu gewinnen und den eigenen Einfluß von Regierungspositionen aus zu verstärken. Im deutschen Fall war ihr Bestreben vor allem darauf gerichtet, die Sozialdemokratie in ihr Schlepptau zu bekommen. Bekanntlich kam die Linie der Militärregierungen dieser Blockstrategie sogar entgegen — bis Ende 1947 und Anfang 1948 saßen auf Wunsch auch der Westalliierten kommunistische Minister in den Regierungen der westdeutschen Länder, obgleich die KPD schon damals, als sie noch zahlreiche Wähler fand, doch nur eine deutliche Minderheiten-Rolle spielte. Ihre Stimmenan-

[3] Siehe David P. Conradt: The German Polity. New York — London 1978, S. 49.

teile streuten bei den ersten Landtagswahlen 1946 zwischen 11,5% in Bremen und 5,1% in Württemberg-Baden.

Somit kommt der Entscheidung der von Kurt Schumacher geführten Sozialdemokraten, die Verschmelzung von SPD und KPD bedingungslos abzulehnen, größte Bedeutung zu. Sie erfolgte im Frühjahr 1946 — also vor Beginn des Kalten Krieges und zu einem Zeitpunkt, als beispielsweise die CDU in der Ostzone durchaus noch eine Zusammenarbeit im anti-faschistischen Block akzeptierte. Schumacher, dessen sozialistische Forderungen damals wesentlich radikaler waren als die der SPD, ließ sich von zwei Beweggründen leiten: zum einen von der Überzeugung, daß verfassungspolitische Gemeinsamkeiten mit der marxistisch-leninistischen KPD für ihn schlechterdings nicht vorstellbar waren und zum anderen von der Erkenntnis, daß die KPD eine „Russenpartei" war — willenloses Instrument der sowjetischen Außenpolitik. Verfassungspolitische und außenpolitische Überlegungen fielen also bei dieser Grundentscheidung zusammen.

Schumacher dachte zwar damals durchaus noch nicht an ein anti-sowjetisches Bündnis mit den Westmächten (das wäre unter den Bedingungen der Jahre 1946/47 realitätsblind gewesen), aber er legte die SPD, damals neben der rasch wachsenden CDU die stärkste politische Kraft in Westdeutschland, von Anfang an auf einen anti-sowjetischen Kurs fest und schuf damit eine ganz unerläßliche Voraussetzung für die Westbindung.

So leidenschaftlich die SPD damals auch die bürgerliche Gesellschaft ablehnte, so sehr sie davon überzeugt war, daß der politische und gesellschaftliche Wiederaufbau nur in den Formen des demokratischen Sozialismus erfolgen könne und dürfe, so leidenschaftlich hielt sie an den Grundsätzen der westlichen Demokratie fest: Grundrechtsschutz, Gewaltenteilung, Parteienkonkurrenz, Assoziationsfreiheit, Freiheit der Meinungsäußerung. Und zum Selbstverständnis dieses damals vor allem auf das von Labour regierte Großbritannien ausgerichteten Demokratiekonzepts gehörte auch die entschiedene Ablehnung aller totalitären Bewegungen — auf der Rechten wie auf der Linken des politischen Spektrums. Und da sich die zeitgenössischen Anti-Demokraten nach 1945 in erster Linie im Ostblock unter Einschluß der Ostzone breitmachten, war es naheliegend, den demokratischen bundesdeutschen Verfassungsstaat emphatisch als westliche Demokratie zu bezeichnen — diesmal aber im positiven Sinn einer neu oder wiedergefundenen Wertgemeinschaft.

Somit war der demokratische Verfassungsstaat weitgehend unumstritten. Die wichtigsten Kontroversen zwischen den Parteien galten der sozio-ökonomischen Grundordnung (soziale Marktwirtschaft oder eine Gesellschaft des demokratischen Sozialismus), der Alternative Unitarismus oder Föderalismus und dem Elternrecht. Das Verfassungsmodell der westlichen Demokratie selbst aber stand außerhalb jeder Diskussion.

Damit war aber eine grundlegende Vorentscheidung auch für die außenpolitische Orientierung gefallen. Denn als sich seit Herbst 1947 die Teilung Europas in immer rascherem Tempo durchsetzte, war mit dem fundamentalen Antagonismus zwischen dem totalitären Ostblock und der freien Welt westlicher Demokratien der außenpolitische Weg schon vorgezeichnet — zumindest für ein Land wie Deutschland, das im Zentrum der Ost-West-Spannungen lag.

So war es alles andere als ein Zufall, daß die im Juli 1948 zustande gekommene Bereitschaft der westdeutschen Regierungen und Parteien, den Parlamentarischen Rat einzuberufen, um ein Grundgesetz für einen vorläufig auf die Westzonen beschränkten deutschen Kernstaat zu erlassen, zur Berliner Blockade und damit zur schärfsten Ost-West-Konfrontation führte. Aufbau eines demokratischen Verfassungsstaates in den Westzonen und Konfrontation mit der Sowjetunion waren unter den Bedingungen des Jahres 1948/49 ein- und dasselbe. So sah das übrigens auch die SPD, die ja an der Beratung über das Grundgesetz maßgebend mitwirkte und die Entscheidung trotz ihrer Vorbehalte gegen die starke Stellung der Länder mitgetragen hat.

Über die konkreten Formen der wirtschaftlichen oder der sicherheitspolitischen Einbindung der Bundesrepublik in das westliche Staatensystem bestand freilich im Sommer 1949 noch ebensowenig Klarheit wie in der Frage, ob der Weststaat nicht vielleicht doch nur ein kurzlebiges Provisorium auf dem Weg zu einem wiedervereinigten Deutschland sein würde.

Nur: als die erste Regierung Adenauer gebildet wurde, war die Lage alles andere als offen. Der Kurs nach Westen war schon festgelegt — und zwar in erster Linie aufgrund der verfassungspolitischen Entscheidung für die freiheitliche Demokratie.

Diese Entscheidung wurde nicht erzwungen. Sie kam durchaus freiwillig zustande. Ein demokratischer Verfassungsstaat läßt sich überhaupt nur aufbauen und stabilisieren, wenn eine Mehrheit der Bevölkerung und der politischen Führungsgruppen ihn trägt! Im Unterschied zur Weimarer Republik war dies in der Nachkriegszeit der Fall. Und nur weil die Präferenz für die freiheitliche Demokratie so eindeutig ausfiel, erwies sich die Bundesrepublik auch gegen alle Anfechtungen resistent, im Interesse einer Wiederherstellung des Nationalstaats zu den westlichen Demokratien auf Distanz zu gehen.

II.

Entscheidung für den Westen unter den Bedingungen der Jahre 1948 bis 1955 hieß aber gleichzeitig auch — Entscheidung für den wirtschaftlichen Wiederaufbau in engster Einbindung in das westliche Weltwirtschaftssystem. Die Westdeutschen haben nicht nur die Freiheit gewählt, sondern ebenso Wiederaufbau und Prosperität. Diese waren aber allein durch Westverflechtung der westdeutschen Wirtschaft erreichbar.

Nach der Währungsreform wurde die Wirtschaft der Bundesrepublik und West-Berlins rasch wieder zu jener leistungsfähigen Exportmaschine, die seit den achtziger Jahren des 19. Jahrhunderts die Weltmärkte mit technischen Erzeugnissen, Elektroprodukten, Waren der chemischen Industrie usw. erobert hatte. Es wäre nicht richtig, in der Bemühung des geschlagenen und zerstörten Landes, möglichst rasch ein Comeback auf die Weltmärkte zu bewerkstelligen, primär das Resultat ideologischer Orientierung zu verstehen. Wenn die Westdeutschen nach dem Verlust der Ostgebiete leben wollten, mußten sie wohl oder übel erhebliche Mengen Nahrungsmittel und Rohstoffe importieren, was langfristig nur aus Exporterlösen zu bestreiten war. Ein Wiederaufbau war überhaupt nur möglich, wenn die Westdeutschen bereit waren, jene wirtschaftlichen Rahmenbedingungen zu akzeptieren, die nach Lage der Dinge nicht von ihnen festgelegt wurden, sondern von den USA und den westeuropäischen Großmächten.

Was also generell eine Rückkehr auf den Weltmarkt war, bedeutete aber eben faktisch doch eine weitere Dimension der Westbindung und zwar aus zwei Gründen:

Erstens wurde der Weltmarkt damals von den USA beherrscht. Amerika war die „économie dominante", und Amerika setzte sein ganzes Potential ein, um ein erneuertes Freihandelssystem zu errichten. Es war zugleich aber in stärkstem Maß an einer Eingliederung der Bundesrepublik in die Weltwirtschaft interessiert, unterstützte diese auf vielfältigste Weise, vor allem mit der Initialzündung des Marshall-Plans, die die damals gefährliche Dollarlücke schließen half und damit die Einfuhr von Rohstoffen, Werkzeugmaschinen, Halbfertigfabrikaten, Nahrungsmitteln ermöglichte, bis die Importe — und das war schon 1952 der Fall — durch deutsche Exporterlöse gedeckt werden konnten.

Zweitens bedeutete das Comeback auf die Weltmärkte auch die Rückkehr auf die Märkte Westeuropas. Dabei mußten aber in einer großen Kraftanstrengung, die ein ganzes Jahrzehnt in Anspruch nahm, die vielfältigen Handelsbarrieren aus der Epoche der Weltwirtschaftskrise und des Zweiten Weltkrieges sowie der unmittelbaren Nachkriegszeit hinweggeräumt werden. Dafür waren neuartige Instrumente erforderlich: die OEEC, teilweise die EGKS, die EZU und schließlich die EWG. Zwar orientierte sich auch die westeuropäische Außenwirtschaftspolitik am Ziel des Freihandels (und wo die westeuropäischen Regierungen dem widerstrebten, drängten die Amerikaner und bald auch die Westdeutschen unablässig in diese Richtung) —, aber die westeuropäische wirtschaftliche Zusammenarbeit wurde doch als deutlich von der globalen Weltwirtschaft abgesetztes, wenn auch in diese integriertes System entwickelt.

Drittens vollzog sich das Ganze vor dem Hintergrund der Spaltung zwischen Ost und West. Die Export- und Rohstoffmärkte des Ostens — also jenseits der innerdeutschen Demarkationslinie — lagen im europäischen Imperium der Sowjetunion und waren erst einmal von der globalen Wirtschaftsentwicklung ziemlich abgeschottet. Das hatte insgesamt zur Folge, daß vorerst nur eine Rückkehr auf den westlichen Weltmarkt stattfinden konnte. Und auch diese war nur möglich, weil und insofern die Bundesrepublik die dort geschaffenen oder entstehenden politischen Rahmenbedingungen akzeptierte.

Man kann diese außenwirtschaftlichen Vorgänge, die in der Erhardschen Marktwirtschaft ihre binnenwirtschaftliche Entsprechung haben, gar nicht überschätzen. Alan S. Milward hat eben in einem für die Diskussion der nächsten Jahre höchstwahrscheinlich bahnbrechenden Werk eine interessante These herausgearbeitet, die bei starker Vereinfachung wie folgt lautet: die Neuordnung des europäischen Staatensystems durch den Versailler Vertrag ist vor allem deshalb gescheitert, weil die politischen Grundfragen schlecht gelöst waren, während für die wirtschaftliche Neuordnung überhaupt kein neuartiges Ordnungskonzept entwickelt wurde. Die Renaissance der demokratischen Verfassungsstaaten und der Aufbau einer stabilen Staatengemeinschaft im westeuropäisch-nordatlantischen Großraum ist nach dem Zweiten Weltkrieg (und zwar entscheidend zwischen 1948 und 1952) deshalb geglückt, weil erst die unerläßlichen wirtschaftlichen Rahmenbedingungen für die Prosperität geschaffen wurden, die es dann erlaubt hat, die zwischen den westeuropäischen Staaten noch schwelenden Fragen (Rolle der Bundesrepublik in Westeuropa, deutsche Wiederbewaffnung, Saarfrage), aber auch die großen sozio-politischen Spannungen, einvernehmlich zu lösen. Also ein faktisches Primat der Wirtschaft — auch in den hier zur Erörterung stehenden Grundfragen der Westorientierung!

Im Prinzip war dieser Kurs gar nicht umstritten — er konnte es gar nicht sein, denn Existenzsicherung und Wohlfahrt hingen evidenterweise davon ab. Nur die Kommunisten, schon damals bloße Lautsprecher eines fremden politischen Willens, haben in den Jahren seit 1947 den Marshall-Plan abgelehnt, weil sie darin ein Instrument des Dollarimperialismus sahen. Alle anderen Parteien, einschließlich der Sozialdemokraten, haben die amerikanische Wirtschaftshilfe begrüßt.

Dennoch hat sich dann doch eine der ersten großen innenpolitischen Kontroversen über die Westbindung auf die Modalitäten der weltwirtschaftlichen Verflechtung gerichtet.

Naturgemäß hatten die damals auf das Ziel der Sozialisierung fixierten Sozialdemokraten von Anfang an die Zweischneidigkeit eines Konzepts erkannt, das den wirtschaftlichen Wiederaufbau und das Comeback auf die Weltmärkte mit Unterstützung der USA vorsah. Da die amerikanische Regierung — wie sich zeigen sollte, zu Recht — von der Leistungsfähigkeit der Unternehmerwirtschaft überzeugt war, da zudem die dringend erwünschten Investitionen ausländischer Anleger nur zu erwarten waren, wenn Westdeutschland nach innen wie nach außen eine liberale Wirtschaftspolitik betrieb, konnte amerikanische Unterstützung für die Sozialisierungspolitik nicht erwartet werden.

Der voraussehbare Konflikt blieb allerdings anfänglich aus, weil die ersten Bundestagswahlen, die vorwiegend als Plebiszit gegen oder für die Erhardsche Marktwirtschaft geführt wurden, von den Befürwortern der Marktwirtschaft eindeutig für sich entschieden werden konnten. Doch die wirtschaftspoltitischen Gegensätze entbrannten in voller Schärfe, als sich die Regierung Adenauer dafür aussprach, den Schuman-Plan zu akzeptieren.

Dieser Plan, im Mai 1950 initiiert und im folgenden Jahr zur Ratifikation anstehend, schuf eine Europäische Gemeinschaft für Kohle und Stahl, mit supranationaler Behörde, die das Recht hatte, in — freilich beschränktem Maß — Lenkungsbefugnisse für die Kohle- und Stahlindustrie wahrzunehmen.

Die Regierung Adenauer hat sich aus drei Überlegungen heraus vorbehaltlos auf diesen Vorschlag eingelassen:

1. nur durch den Aufbau einer gemeinschaftlichen Lenkung für Kohle und Stahl konnte die westalliierte Kontrolle der Ruhrindustrie abgelöst werden; die Bundesrepublik brachte ihre Schlüsselindustrien zwar in ein partnerschaftliches System ein, wurde aber auf diese Art und Weise die einseitige Siegerkontrolle mitsamt ihren Produktionsbeschränkungen auf dem Stahlsektor los. So gesehen war die Ablösung des Ruhrstatuts auch ein wichtiger Schritt zur Souveränität;

2. mit der Montanunion wurde der erste konkrete Versuch sektoraler Teilintegration zwischen den Staaten der Sechsergemeinschaft verwirklicht. Sie schien also nicht nur nützlich, weil sie eines der lästigsten alliierten Kontrollinstrumente beseitigte, das Adenauer beim Bekanntwerden im Juni 1948 zu der Formulierung veranlaßt hatte, der Versailler Vertrag sei dagegen ein blühender Apfelgarten gewesen. Sie bedeutete vor allem auch einen Durchbruch zur westeuropäischen Zusammenarbeit, der andere Projekte folgen sollten;

3. im engeren Sinn ging es dabei um die Neugestaltung des deutsch-französischen Verhältnisses in einem partnerschaftlichen europäischen Rahmen.

Die sozialdemokratische Opposition sah das alles viel kritischer. Sie begriff die Montanunion als großes westeuropäisches Kartell, das insgeheim darauf abzielte, die Vergesellschaftung der Montanindustrie durch nationale Gesetzgebung zu erschweren. Sie sah in dem Schuman-Plan aber auch ein Instrument französischer Hegemonialpolitik — dazu bestimmt, die Ruhrkontrolle in anderen Formen fortzusetzen. Und sie fürchtete, die hehre europäische Zielsetzung werde zu einem Europa der vier großen „K" führen, wie Schumacher das gelegentlich formulierte — *k*artellistisch, *k*onservativ, *k*lerikal und *k*atholisch. Kritik wurde vor allem auch daran geübt, daß die Bundesrepublik, die auf Gedeih und Verderb von den Schlüsselindustrien Kohle und Stahl abhänge, damit eine europäische Vorleistung erbringe — ohne aber sicher zu sein, daß es mit der europäischen Einigung auch tatsächlich vorangehen werde.

Nun war die Montanunion unter den Sozialdemokraten freilich selbst umstritten. Die pragmatischen sozialdemokratischen Länderministerpräsidenten stimmten ihr trotz einiger Bedenken zu, ohne die Gesamtpartei und die Fraktion freilich von ihrer Ablehnung abzubringen.

Überprüft man den Stellenwert und die Argumente dieser Kontroverse rückblickend, so wird doch deutlich, daß es bei allem Gewicht, das diesen zukam, nicht in erster Linie die wirtschaftlichen Erwägungen waren, die hier den Ausschlag gaben. Auf seiten der Regierung dominierten europäische Hoffnungen und Souveränitätsüberlegungen, auf seiten der SPD die Sorge vor hinterlistiger, antideutscher französischer Politik.

Wie wir wissen, arbeitet besonders die DDR-Geschichtsschreibung gemäß marxistischer Geschichtstheorie die ökonomischen Determinanten der Westbindung als ausschlaggebenden Faktor heraus. Sie folgt damit nur einer Kritik, die bereits Anfang der fünfziger Jahre von seiten der DDR artikuliert worden ist.

Niemand wird das Gewicht dieses Faktors gering veranschlagen. Aber so, wie die wirtschaftlichen Interessen der Bundesrepublik beschaffen waren, hätte auch eine sozialdemokratische Regierung im Grundsatz keinen sehr unterschiedlichen Kurs fahren können.

III.

Bekanntlich ist die Bundesrepublik Deutschland nicht als freier Staat ins Licht der Geschichte getreten, sondern als faktisches Protektorat der drei westlichen Siegermächte. Die eigentliche Regierung saß nicht in der Koblenzer Straße zu Bonn, wie sie damals noch hieß, sondern sie thronte auf dem Petersberg, wo die Alliierte Hohe Kommission ihren Sitz bezogen hatte. Das Grundgesetz galt zwar, und die Organe einer pluralistischen Demokratie waren schon in voller Wirksamkeit (nur das Bundesverfassungsgericht hat erst 1951 seine Tätigkeit aufgenommen), aber die gesamte Verfassungsordnung unterstand dem Besatzungsstatut, von dem die Westalliierten in Ausübung ihrer „obersten Gewalt" Gebrauch machten. Es sah weite Vorbehaltsgebiete vor, auf denen die deutschen Verfassungsorgane überhaupt nicht selbständig tätig werden durften, sondern allenfalls im Auftrag (dazu gehörten nicht nur Ruhrkontrolle, Reparationen, Entflechtungen, sondern auch Außenhandels- und Devisenwirtschaft bis hin zur Überwachung der Durchführung des Marshall-Plans). Das Notstandsrecht der Siegermächte gab diesen eine Blankovollmacht, erforderlichenfalls die bereits an die deutschen Verfassungsorgane übertragene Regierungsgewalt wieder zurückzunehmen. Aber auch die deutsche Gesetzgebung unterlag westalliiertem Genehmigungsvorbehalt. Besonders hinderlich war der Umstand, daß die Außenvertretung der Bundesrepublik anfangs noch von den Westalliierten wahrgenommen wurde. Erst nach einiger Zeit durften Konsulate und Generalkonsulate im westlichen Ausland errichtet werden. Alle Deutschland als Ganzes betreffenden Fragen fielen in die ausschließliche Zuständigkeit der Siegermächte.

Man müßte diese ja durchaus bekannten Sachverhalte gar nicht ansprechen, würde sich nicht im wissenschaftlichen und publizistischen Schrifttum eine ganz unhistorische Neigung bemerkbar machen, diesen grundlegenden Sachverhalt, der erst stufenweise verändert und prinzipiell erst 1955 weitgehend beseitigt wurde, aus dem Auge zu verlieren. Das gilt ganz besonders in bezug auf den berühmten Notenwechsel des Jahres 1952, auf den noch einzugehen sein wird.

Es war natürlich, daß sich die ganze Energie der deutschen Politik darauf richtete, das Souveränitätsdefizit so rasch wie möglich abzubauen. Ob das aber drei, fünf oder zehn Jahre dauern würde, war anfänglich ganz unklar. Sicher war nur, daß der Aufbau einer freiheitlichen Demokratie, doch auch eine freiwillige Entscheidung der Deutschen für die Gemeinschaft der westlichen Demokratien überhaupt nur zu erwarten war, wenn die politischen Restriktionen möglichst rasch abgebaut würden. Man kann keine Demokratie mit Halbfreien aufbauen. Man kann auch keine freie Marktwirtschaft in Schwung bringen, wenn diese zahllosen bürokratischen Kontrollen von Besatzungsverwaltungen unterliegt.

Dem standen entgegen: der verständliche Wunsch der Westalliierten, ganz besonders Frankreichs, die unkalkulierbaren Deutschen so lange wie möglich unter fester Kontrolle zu halten — sei es aus Sorge vor einem Wiederaufleben von Nationalismus und Militarismus, sei es, um zu verhindern, daß Westdeutschland in den Sog der Sowjetunion geriet, sei es (das galt besonders für Frankreich und Großbritannien), um sich wirtschaftliche Vorteile zu sichern. Die Neigung, die Bundesrepublik als bloß beurlaubten Strafgefangenen zu behandeln, dessen Bewegungsspielraum zudem mit vielen Auflagen versehen war, ist in diesen Anfängen noch groß gewesen.

Im Prinzip gab es natürlich ein vor allem von den USA und Großbritannien favorisiertes Konzept, das eine kontrollierte Evolution vorsah. Bei Wohlverhalten sollte der Bewegungsspielraum der deutschen Regierung unter der Voraussetzung erweitert werden, daß die einseitige Siegerkontrolle durch multilaterale partnerschaftliche Kontrolle in neuartigen Integrationsgemeinschaften ersetzt würde.
Das Beispiel Montanunion ist schon genannt worden. Die Ruhrkontrolle wurde unter der Bedingung — aber eben nur unter der Bedingung — freiwilliger Eingliederung in eine Europäische Gemeinschaft für Kohle und Stahl aufgehoben. Die Aufstellung deutscher Streitkräfte wurde gleichfalls nur in integrierter Form zugelassen, wobei zwei Konzepte nebeneinanderliefen: das der Europäischen Verteidigungsgemeinschaft und das der NATO-Integration. Selbst die Souveränität hatte ihren Preis — einen deutschen Verteidigungsbeitrag, das Fortbestehen bestimmter Kontrollrechte (Brief- und Telefonkontrolle) und der alliierten Rechte Deutschland als Ganzes betreffend. Desgleichen mußte die Bundesrepublik eine Europäisierung des Saarlandes akzeptieren, die nur deshalb nicht zu einem dauernden Zankapfel zwischen Deutschland und Frankreich wurde, weil die unerwartete Ablehnung des Saarstatuts im Jahre 1955 zu einer grundlegenden Umstellung der französischen Politik zwang.

Nach Lage der Dinge konnte aber auch der Rückweg zur Souveränität nur und allein von den Westmächten gewährt werden. Wer die Souveränität — mit der Hoffnung künftig vergrößerter Handlungsfreiheit — wollte, mußte bereit sein, diese Handlungsfreiheit von vornherein wieder einzuschränken — wenn auch in partnerschaftlichen Formen, in denen die Diskriminierung der Besiegten mehr und mehr verschwand oder doch jedenfalls nur noch in akzeptablen Modalitäten erfolgte.

Kann unter diesen Umständen überhaupt noch von einer freien Entscheidung die Rede sein? Tatsächlich war die deutsche Regierung in jenen Jahren grundsätzlich nur frei, die Souveränität zu den westlichen Bedingungen zu erhalten — wobei in den Verhandlungen Modifikationen entsprechend den deutschen Wünschen durchaus vorgesehen waren und auch erfolgten. Aber zweifellos wäre die Entwicklung nicht so rasch und nicht so vergleichsweise problemlos vor sich gegangen, hätte es nicht eine Reihe grundlegender gemeinsamer Interessen gegeben. Sowohl die Westmächte wie die Westdeutschen hatten denselben Feind — die Sowjetunion. Frankreich mochte sich zwar bundesdeutsche Streitkräfte wünschen, die stärker waren als die russischen und schwächer als die französischen — aber es konnte sich doch nicht der Erkenntnis entziehen, daß eine Stabilisierung des europäischen Kräftegleichgewichts ohne einen Wehrbeitrag der Bundesrepublik unmöglich war. Gemeinsam war auch allen Beteiligten (Deutschen wie Westmächten) das Interesse am wirtschaftlichen Wiederaufbau Deutschlands. Spätestens 1947 hatten alle westeuropäischen Staaten die Wahrheit des Ausspruchs Churchills aus den letzten Kriegsjahren erkannt, der bemerkt hatte, man könne Europa nicht an einen deutschen Leichnam ketten. Sollte die Wirtschaft der Beneluxstaaten und Frankreichs prosperieren, wurden deutsche Kohle- und Stahllieferungen gebraucht. Ein weiteres gemeinsames Interesse sahen zumindest die Anhänger der europäischen Einigungsbewegung im partnerschaftlichen Aufbau Europas. Als die Bundesrepublik dem Europarat beitrat, gab es noch einigen Grund zur Vermutung, daß es diesem gelingen könnte, eine europäische Verfassung zu erarbeiten. EGKS, EVG und die Beratungen über einen Verfassungsentwurf zwischen den Sechserstaaten eröffneten zwischen 1950 und 1954 erst recht gewaltige Horizonte, die dann ziemlich leer blieben. Gemeinsam war auch allen westlichen Demokratien das Interesse an fester Verwurzelung der bundesdeutschen Demokratie. Und schließlich gab es die Erfahrungen der jüngsten Vergangenheit. Schon einmal hatte eine im ganzen zu wenig konstruktive anti-deutsche Sicherheitspolitik bei den Besiegten die ohnehin unvermeidlichen Ressentiments gefährlich verstärkt und die gemäßigten, demokratischen deutschen Politiker diskreditiert, die auf Verständigungspolitik setzten oder zumindest bereit waren, die deutschen Wünsche mit Augenmaß vorzutragen. Sollte man denselben Vorgang nochmals riskieren?

Man wird den Vorgang also am besten mit dem Begriff der Interessenkoinzidenz erfassen. Die Überzeugung von einer „Wertgemeinschaft" der westlichen Demokratien, wie der spätere Terminus lautet, und von einer Interessengemeinschaft auf vielen Feldern hat schließlich bewirkt, daß alle Beteiligten in einer partnerschaftlichen Politik, die aber durchaus noch Kontrollelemente enthielt, den besten Weg sahen.

Dabei waren es vor allem drei ganz neue Elemente im europäischen Staatensystem, die zu konstruktivem Handeln zwangen. Das erste ist schon genannt — die sowjetische Gefahr. Rußland lag nicht mehr, wie vor 1939, fern an den Pripjet-Sümpfen und am Dnjestr — seine Armeen standen jetzt an der Elbe, in Reichweite von Frankfurt und Hamburg. Das zweite, gleichfalls schon genannte neue Element, war die starke europäische Einigungsbewegung. Sie brachte für viele der schwierigen Probleme, einschließlich der Frage nach partnerschaftlicher Kontrolle der Bundesrepublik, ganz neue Formen supranationaler Zusammenarbeit. Der dritte Faktor war die massive politische, wirtschaftliche und militärische Präsenz der Vereinigten Staaten in Westeuropa, speziell aber auf dem Territorium der Bundesrepublik. Aus französischer Sicht war es letztlich die amerikanische Armee in Europa, die dem Gedanken an bundesdeutsche Truppen etwas von seiner Fürchterlichkeit nahm. Übereinstimmung zwischen den westalliierten und den westdeutschen Interessen waren also im Prinzip möglich, in der Praxis aber türmten sich natürlich Berge von Schwierigkeiten auf.

Ein Hauptproblem bestand darin, daß die westlichen Besatzungsmächte bald ein großes Geschick darin entwickelten, Konzessionen auf dem Rückweg zur Souveränität mit Bedingungen zu verknüpfen, durch die sich die westdeutschen Spitzenpolitiker vor den eigenen Landsleuten kompromittieren mußten. Manche erinnerten sich dabei noch sehr genau daran, wie die demokratischen Parteien der jungen Weimarer Republik durch den Zwang zur Annahme des Versailler Vertrags von Anfang an diskreditiert waren.

Größere Handlungsfreiheit war in der Regel mit der stillschweigenden oder ganz expliziten Hinnahme anderer Formen der Kontrolle verbunden, ohne daß sich genau abschätzen ließ, ob der quälende Prozeß wirklich zur Voll-Souveränität führen würde, wie es dann tatsächlich im Jahr 1955 der Fall war. Dazu kam die Erkenntnis, daß die Westdeutschen, die ja ursprünglich die Teilung des Landes nur passiv zu erdulden gehabt hatten, unvermeidlicherweise auch zu Akteuren des Teilungsprozesses wurden, je entschiedener sie im Interesse einer Rückgewinnung der Souveräntität in den ehemaligen Westzonen einen auf Dauer angelegten Voll-Staat errichteten.

Einer der schwierigsten Zielkonflikte in diesem Zusammenhang bestand darin, daß die Westmächte — aus ihrer Sicht durchaus zu Recht — möglichst lange die Alternative einer einvernehmlichen Lösung auf Viermächteebene offenhalten wollten. Eine Einigung mit den Sowjets hätte aber zweifellos auf Kosten der Deutschen erfolgen müssen, hätte vielleicht auch die Entwicklung im Westen wieder hinter die bereits erreichte Halb- oder Dreiviertels-Souveränität zurückgeworfen. So mußte die Bundesregierung bemüht sein, die Westmächte zu Zusicherungen zu drängen, daß die ihr zugesprochenen Rechte auf ein wiedervereinigtes Gesamtdeutschland erstreckt würden. Nur so ließ sich diese Gefahr bannen. Nur so erhielt Bonn wenigstens einen indirekt wirksamen Hebel zur Einwirkung auf allfällige Viermächteverhandlungen, an denen vorerst ja wahrscheinlich keine deutschen Vertreter beteiligt sein würden.

Als Adenauer in den Verhandlungen über den Generalvertrag diesen zentralen Punkt zur Sprache brachte, antworteten die Westmächte mit der Forderung, dann müßte aber auch die Bundesrepublik einverstanden sein, daß Gesamtdeutschland durch die Westverträge gebunden würde. Daraus entstand im November 1951 die berühmte (1954 weggefallene) Bindungsklausel Art. 7 Abs. 3: „Die drei Mächte und die Bundesrepublik sind darin einig, daß ein wiedervereinigtes Deutschland durch die Verpflichtungen der Bundesrepublik nach diesem Vertrag, den beigefügten Abkommen und den Verträgen über die Bildung einer integrierten europäischen Gemeinschaft — in einer gemäß ihren Bestimmungen oder durch Vereinbarungen der beteiligten Parteien angepaßten Fassung — *gebunden sein wird,* und daß dem wiedervereinigten Deutschland in gleicher Weise die Rechte der Bundesrepublik aus diesen Vereinbarungen zustehen werden." Nach heftiger Intervention der CDU/CSU-Fraktion sowie der FDP wurde zwar die automatische Bindung im Mai 1952 etwas gelockert, aber der Zusammenhang zwischen den Bündnisentscheidungen eines wiedervereinigten Deutschland und den Rechten aus den Westverträgen blieb erhalten. Wenn ein wiedervereinigtes Deutschland die Westmächte auf die im Generalvertrag der Bundesrepublik zugestandenen Rechte verpflichten wollte, mußte es bereit sein, auch die entsprechenden vertraglichen Bindungen zu übernehmen.

Auf die weiteren Zusammenhänge zwischen Westbindung und Wiedervereinigung wird noch einzugehen sein. Jedenfalls ist schon hier festzuhalten, daß bei den ganzen verschlungenen Verhandlungen zwischen Deutschen und Westalliierten, aber auch in den Auseinandersetzungen im Deutschen Bundestag die Souveränitätsfrage Gesamtdeutschlands eine Schlüsselrolle spielte.

Bis heute ist es strittig, und ich möchte hinzufügen, auch unklar, ob Adenauer selbst von Anfang an entschlossen war, die Handlungsfreiheit einer gesamtdeutschen Regierung im Einvernehmen mit den Westmächten von vornherein zu beschränken und so eine Bindung Gesamtdeutschlands an die europäische Integrationsgemeinschaft zu erreichen. Seine Kritiker zogen und ziehen daraus den Schluß, daß dies ein schlagender Beweis für sein Desinteresse an der Wiedervereinigung sei. Denn könne man erwarten, daß die Sowjetunion ohne Krieg, allein am Verhandlungstisch, einer Westbindung Gesamtdeutschlands zugestimmt hätte? Demgegenüber steht die Deutung, daß es Adenauer in allererster Linie darum gegangen sei, bei Viermächteverhandlungen, mit denen zu rechnen war, den Rückweg zur Viermächtekontrolle auf alle Fälle zu verbauen, während er darauf vertraute, daß sich erforderlichenfalls über eine Anpassung der Westverträge an eine neue Verhandlungssituation zwischen Bundesregierung und Westmächten schon eine Einigung finden lassen müßte.

Paradoxerweise waren es dann gerade Kritiker Adenauers wie Botschafter Pfleiderer und der Publizist Paul Sethe, die wenig später eine umgekehrte Bindung Gesamtdeutschlands vorsahen. Sie argumentierten, daß eine russische Zustimmung zur Wiedervereinigung überhaupt nur zu erreichen sein werde, wenn die

Siegermächte sich zusammen mit der Bundesregierung schon vor freien Wahlen und der Bildung einer gesamtdeutschen Regierung auf den Sicherheits-Status eines wiedervereinigten Gesamtdeutschland geeinigt hätten. Auch von dieser Seite aus also eine Verknüpfung zwischen der Souveränität Gesamtdeutschlands und den Grundfragen der Westbindung!

So bestand zwar zwischen allen Parteien (mit Ausnahme der Kommunisten) dahingehend Übereinstimmung, daß die Bundesrepublik an einer möglichst baldigen und möglichst weitgehenden Erlangung der Souveränität größtes Interesse haben müsse. Strittig aber waren die Konzessionen, die dabei erforderlich schienen (das galt vor allem auch für die Saar-Regelung), strittig waren ebenso die Modalitäten der Westbindung und strittig waren eben die Zusammenhänge zwischen westdeutscher Souveränität und der Souveränität einer gesamtdeutschen Regierung.

Ein wichtiger Aspekt wurde während der ganzen Auseinandersetzung fast völlig verkannt: die Bedeutung des deutschen Verteidigungsbeitrages in diesem Zusammenhang. Die Öffentlichkeit betrachtete die Aufstellung deutscher Streitkräfte im Rahmen der EVG bzw. der NATO als eine Art Kaufpreis, den Bonn wohl oder übel zu entrichten hätte, wenn es durch Generalvertrag bzw. Deutschlandvertrag seinen Spielraum gegenüber den Besatzungsmächten qualitativ erweitern wollte.

Aus der Sicht Adenauers verhielt es sich eher umgekehrt, wobei ihm die Lage verbot, seine Sicht der Dinge nach innen oder nach außen zu verdeutlichen. Er ging nämlich davon aus, daß ein Staat nur dann souverän ist und internationales Gewicht hat, wenn er eigene Streitkräfte besitzt oder diese ins Bündnis integriert. Daher hatte er gerade mit Blick auf die Souveränität genuines Interesse an einem deutschen Verteidigungsbeitrag. Dieser erschien ihm nicht als Kaufpreis, der deutscherseits entrichtet wurde, sondern als Kaufpreis, den die Westalliierten bei der Neuregelung ihres Verhältnisses zur Bundesrepublik zu entrichten hatten. Daß auch in dieser Hinsicht beide Seiten an deutschen Truppen interessiert waren, versteht sich.

IV.

Der vierte Zielkomplex im Zusammenhang der „Entscheidung für den Westen" war die Sicherheit der Bundesrepublik, Berlins und darüber hinaus Westeuropas insgesamt.

Man kann es als feststehende Erkenntnis betrachten, daß sich das Verhältnis zwischen den westalliierten Siegern und der Bundesrepublik nicht so rasch und grundlegend geändert hätte ohne die sowjetische Bedrohung. So gesehen saß Marschall Stalin gleichsam als unsichtbarer Gast sowohl bei den Verhandlungen dabei, die zur Gründung der Bundesrepublik führten als auch bei jenen, die schließlich in die komplette, partnerschaftliche Westintegration einmündeten. Die Hinwendung zur westlichen Demokratie und die Verflechtung mit den westlichen

Volkswirtschaften mußte ja nicht mit innerer Logik die sicherheitspolitische Westbindung zur Folge haben. Wohl aber war es die Logik der Konstellation, die sie erzwungen hat.

Psychologisch sind die Deutschen in ihrer Mehrzahl seit 1944 bereit gewesen, sich in die Arme der Westalliierten zu stürzen, um sich vor den Russen zu retten. Das Verhalten der Wehrmacht bei Kriegsende spricht eine deutliche Sprache. Auch die in den ersten Besatzungsjahren von OMGUS durchgeführten Meinungsbefragungen in der amerikanischen Zone sowie im amerikanischen und britischen Sektor Berlins ergaben ein ziemlich eindeutiges Bild. Man hielt die USA nicht nur für die in absehbarer Zukunft stärkste Weltmacht (70% der Befragten gegenüber 13%, die die Sowjetunion langfristig für stärker hielten), sondern versprach sich auch von Amerikanern und Briten eine mildere Behandlung (63% USA, 45% GB). Von den Franzosen versprachen sich ganze 4% bei einer Umfrage im Oktober 1947 eine anständige Behandlung, von den Russen keiner. 84% meinten, sie würden die USA als Besatzungsmacht gewählt haben, hätten sie die Wahl gehabt.[4] Es war also nicht die Luftbrücke, die den pro-amerikanischen Stimmungsumschwung bewirkt hat.

Die Westdeutschen fühlten sich aber — zu Recht oder zu Unrecht — zurückgestoßen. Carlo Schmid wußte noch lange zu erzählen, wie ihn General Clay vor dem Abflug zur Moskauer Konferenz im Frühjahr 1947 angeschrieen habe: „Nehmen Sie zur Kenntnis, daß die Russen unsere Verbündeten sind!" Noch im Jahr 1952 meinten bei einer bundesweiten EMNID-Umfrage nur 6% aller Befragten, die Deutschen gehörten jetzt voll zur Gemeinschaft der westlichen Völker, 42% glaubten, sie gehörten nur bedingt dazu, 35% sahen sich noch ganz außerhalb. 1956 ein total verändertes Bild: 38% meinen jetzt, „wir gehören voll dazu", 46% „bedingt", nur noch 8% fühlen sich ganz außerhalb![5]

Unter den verantwortlichen Politikern war das Bild in den ersten Nachkriegsjahren freilich viel weniger eindeutig. Wir wissen, daß Adenauer seit Herbst 1945 einen Westblock unter Einschluß der deutschen Westzonen für unvermeidlich und daher für wünschenswert gehalten hat. Die Berliner Parteiführungen sahen demgegenüber klar, daß ein Auseinanderbrechen der Viermächteverwaltung die Sowjetisierung der Zone zur Folge haben würde und waren somit wie Jakob Kaiser und seine Freunde zu vermittelnden Lösungen bereit. Sie fanden dabei auch im Westen Unterstützung, etwa bei dem CSU-Vorsitzenden Josef Müller. So wurde von ihnen herausgearbeitet, daß Deutschland in erster Linie die Aufgabe einer Brücke zwischen Ost und West habe.

Es war erst die Berliner Blockade, die nunmehr auch die bisher noch Zögernden bedingungslos für ein Schutzverhältnis im Lager der Westmächte optieren ließ. Für ein Schutzverhältnis, nicht mehr! Um an ein Bündnis zu denken, war es noch viel zu früh. Zwar sah ein amerikanischer Entwurf für den NATO-Vertrag vom 1. April

---

[4] Anna J. Merrit and Richard L. Merrit: Public Opinion in Occupied Germany, Urbana 1970, S. 180 f.
[5] EMNID-Informationen, 23. 3. 1957.

1948, der unter dem frischen Eindruck der kommunistischen Machtergreifung in Prag und des dadurch mit ausgelösten Kriegsfiebers konzipiert war, schon die mögliche Einbeziehung der Westzonen vor, und auch im Parlamentarischen Rat machte man sich in aller Verschwiegenheit einige Gedanken. Aber nur wenig davon kam an die Öffentlichkeit und nichts wurde konkretisiert, während in der Ostzone schon die kasernierte Volkspolizei aufgestellt wurde.

Zweifellos wären aber die westdeutschen Spitzenpolitiker *ohne* die Berlinkrise nicht so rasch bereit gewesen, das westliche Anerbieten zur Staatsgründung mit gewissen Vorbehalten aufzugreifen. Die Kriegsgefahr, aber auch die Gefahr eines amerikanischen Rückzugs aus Berlin hat die Entwicklung hin zu einer eindeutigen Festlegung auf seiten der Westmächte ganz offensichtlich vorangestoßen. Im belagerten Berlin entstand bereits so etwas wie ein Geist deutscher und westalliierter Waffenbrüderschaft. Die psychologische Entwicklung in den Westzonen war aber noch nicht so weit, auch nicht auf seiten der Westmächte.

Erst der Korea-Krieg hat den Durchbruch gebracht. Man kann ihn als Vater aller Dinge betrachten, die dann in einem Jahrfünft schwierigster und verworrener Verhandlungen schließlich zum Beitritt der Bundesrepublik zur NATO geführt haben.

Weder damals noch heute war das Wissen darüber weit verbreitet, daß sich die Westmächte in Westeuropa im Zustand der militärischen Nacktheit befunden haben. Die kasernierte Volkspolizei verfügte im Sommer 1950 bereits über Streitkräfte in Stärke von etwa 70 000 Mann. Die Rote Armee wäre zur Besetzung Zentraleuropas, einbegriffen Frankreich, stark genug gewesen, denn in der Bundesrepublik standen nur acht amerikanische, britische und französische Divisionen, in ganz Westeuropa zwölf bis vierzehn Divisionen — schlecht bewaffnet, schlecht ausgebildet und ohne zentrale Führung. Eine erfolgreiche Verteidigung wäre erst hinter den Pyrenäen möglich gewesen, obwohl seit Ende 1949 der Rhein als erste Verteidigungslinie ins Auge gefaßt wurde.

Auch die amerikanischen Luftstreitkräfte, die teilweise ohnehin in Korea gebunden waren, hätten das Blatt nicht wenden können. Ein Dritter Weltkrieg wäre also nach dem Drehbuch des Zweiten abgelaufen: Besetzung Kontinentaleuropas, Wiederankurbelung der amerikanischen Kriegsmaschine und Versuch eines Roll-Back. Da aber die Sowjetunion nach 1949 über eine Atombombe verfügte, war an große Landoperationen vom Typ der Landung in der Normandie kaum mehr zu denken.

Immerhin: die USA hatten zweimal demonstriert, zu welch ungeheurer Kraftentfaltung sie nach einer gewissen Anlaufzeit in der Lage sein würden. Dies hatte zur Folge, daß die deutsche Öffentlichkeit Amerika für viel stärker hielt, als es 1950 tatsächlich gewesen ist. Über das volle Ausmaß der katastrophalen militärischen Schwäche des Westens waren sich nur vergleichsweise wenige Spitzenpolitiker und Fachleute im klaren.

Unter diesen Umständen aber schien ein deutscher Verteidigungsbeitrag absolut zwingend. Ob es ohne die Erfahrungen in Korea tatsächlich je dazu gekommen wäre, weiß niemand.

Wir können in diesem Zusammenhang nicht auf das Schwanken der deutschen und westlichen Politik zwischen einem EVG-Modell und dem NATO-Modell eines Verteidigungsbeitrags der Bundesrepublik eingehen. Die Entwicklung der europäischen Einigungsbewegung ist bekanntlich durch die frühzeitige Verbindung mit den Verteidigungsplanungen gleichzeitig beschleunigt und gebremst worden. Ohne den Zwang zur Aufnahme der Westdeutschen ins Bündnis wäre aber der Rückweg zur Souveränität und die Umwandlung des Besatzungsverhältnisses in ein partnerschaftliches Verhältnis nicht so schnell vor sich gegangen. Auch so wurden noch mehr als vier Jahre gebraucht, bis alles unter Dach und Fach war.

Adenauer hat bekanntlich im August 1950 mit der Überreichung seiner beiden Sicherheitsmemoranden die Herausforderung kaltblütig angepackt, obwohl er sich über die defaitistische Stimmung im Lande voll im klaren gewesen ist. Schließlich lag der Weltkrieg erst fünf Jahre zurück, auf alle Versuche zur Umgehung der strengen alliierten Demilitarisierungsbestimmungen stand immer noch die Todesstrafe, und in allen Nachbarstaaten saßen noch frühere Angehörige der Wehrmacht, die zu Recht oder zu Unrecht wegen Kriegsverbrechen verurteilt worden waren, in den Gefängnissen.

Die politischen Widerstände gegen eine Ausdehnung der Westbindung auf den Sicherheitsbereich waren aber anfänglich im Deutschen Bundestag geringer als befürchtet. CDU/CSU, FDP und DP zeigten sich bereit, die Sache durchzuziehen. Die SPD schwankte zwischen der Neigung zu entschiedener, auch militärischer Selbstbehauptung und taktisch-opportunistischem Widerstand, wie er für jede Oppositionspartei in dieser Lage verführerisch gewesen wäre. Schumacher verlangte unbedingte Gleichberechtigung und eine den alliierten Verbänden gleichwertige Bewaffnung allfälliger deutscher Kontingente, zudem eine Vorwärtsstrategie — die großen Panzerschlachten des Dritten Weltkrieges sollten an Oder und Weichsel geschlagen werden und nicht im Ruhrgebiet oder am Rhein. Andererseits waren bei den Sozialdemokraten eine in Teilen der Partei traditionell ausgeprägte Gegnerschaft gegen das Militär und gewisse pazifistische Neigungen gleichfalls zu beobachten, und wie im Fall der Montanunion fürchtete Schumacher auch in bezug auf den Verteidigungsbeitrag, daß Frankreich nicht zu einer partnerschaftlichen Lösung bereit sein würde, sondern mehr an eine Art deutscher Fremdenlegion dachte. Seit 1952 verband sich bei den Sozialdemokraten mit dieser komplizierten, zusehends negativer werdenden Einstellung auch die Befürchtung, eine rasche Ratifikation der Westverträge und die Inangriffnahme des Verteidigungsbeitrages könnten die letzte Chance für vielleicht erfolgreiche Wiedervereinigungsverhandlungen zunichte machen.

Die Ablehnung des Verteidigungsbeitrages bei der Wählerschaft war stark, und sie nahm von 1950 bis 1952 eher zu, besonders bei den Protestanten. Immerhin lag die Zahl der Zustimmenden über derjenigen der Ablehnenden. Aber noch 1955, als es mit der Aufstellung der Bundeswehr ernst wurde, waren nur 49% dafür, 45% waren dagegen.[6]

Zur durchschlagenden politischen Umsetzung der Ohne-mich-Haltung kam es aber nicht. Gustav Heinemann, der frühere Innenminister Konrad Adenauers, scheiterte mit seiner Gesamtdeutschen Volkspartei, die ein tendenziell pazifistisches Konzept der Blockfreiheit verfocht, bei den Bundestagswahlen 1953 mit 1,2% der Wählerstimmen völlig. Desgleichen vermochten die Kommunisten — auch sie waren keine Freunde der sicherheitspolitischen Westbindung — nur 2,2% zu erringen.

Tatsache war jedenfalls, daß nach einer etwa acht Jahre umfassenden Diskussion, die 1958 nochmals in der Anti-Atomtodkampagne der SPD und des DGB gipfelte, auch das sicherheitspolitische Element der Entscheidung für den Westen weithin akzeptiert wurde. Nicht mehr allzu viele erinnern sich heute daran, daß es auf seiten der SPD vor allem die Aufstellung Willy Brandts zum Kanzlerkandidaten im Jahr 1961 und bald auch seine Wahl zum Parteivorsitzenden war, die die Hinwendung zu NATO und Verteidigung im Bündnis mit dem Westen auch personell symbolisierten!

Spätestens Anfang der sechziger Jahre wies die Westbindung im öffentlichen Bewußtsein jene Zentralelemente auf, durch die sie bis heute gekennzeichnet ist: breite Akzeptanz der westlichen Demokratie, selbstverständliche Bejahung der Einbindung in das weltweite System mehr oder weniger marktwirtschaftlich orientierter westlicher Demokratien, partnerschaftliches Selbstverständnis bei gleichzeitigem Verblassen der Besiegtenmentalität, breite Bejahung der westlichen Sicherheitsgemeinschaft im Rahmen der NATO und mit starker militärischer Präsenz der USA in der Bundesrepublik. Die vier Zielkomplexe hatten sich zu einer umfassenden Grundorientierung vereinigt.

V.

Ungelöst, aber auch unlösbar blieb jedoch der letzte Zielkomplex: die Wiedervereinigung. Er fügte sich nicht bruchlos in die Westbindung ein, und alle Versuche, mittels Entscheidung für den Westen auch in dieser Frage voranzukommen, führten nicht zum Erfolg.

Tatsächlich trifft es ja nicht zu, daß die westdeutschen Parteien nicht versucht hätten, die jeweiligen Entscheidungen für den Westen nicht auch mit bestimmten Konzepten der Wiedervereinigung zu verknüpfen. Diese waren auch allesamt schön und logisch zwingend, nur leider bewirkten sie nichts.

So wurde die Entscheidung für die Gründung der Bundesrepublik in den Jahren 1948/49 mit einem Magnetkonzept verbunden: Die Westdeutschen werden eine

[6] EMNID-Informationen, 22. 11. 1958

vorbildliche, attraktive, zudem auch wirtschaftlich prosperierende Demokratie aufbauen, die die Irredenta der Ostzone wie ein Magnet anziehen wird! Der Magnet wirkte tatsächlich, er war aber nur stark genug, zwischen 1949 und 1961 rund 2,7 Millionen registrierte Flüchtlinge aus der DDR herauszuziehen, diese selbst verblieb jedoch unter sowjetischer Kontrolle.

Auch der Kernstaatgedanke, der in der Präambel des Grundgesetzes seinen sichtbarsten Ausdruck fand, diente zwar als eine lange Zeit hindurch wirksame Legitimation für die internationale Ächtung und Isolierung der DDR, aber auch der im großen und ganzen zwei Jahrzehnte lang durchgehaltene Alleinvertretungsanspruch erreichte sein Ziel nicht, im Gegenteil: er hing der westdeutschen Außenpolitik je länger je mehr wie ein Mühlstein am Hals.

Genausowenig zog das Souveränitätsargument. Man mochte unter den Bedingungen der frühen fünfziger Jahre ja immerhin der Meinung sein, eine endlich souveräne Bundesrepublik könne auch international entschiedener für die Wiedervereinigung eintreten. Doch es war eher das Gegenteil der Fall. Je selbstverständlicher die Bundesrepublik als ein Staat wie andere auch in der Staatengesellschaft akzeptiert wurde, um so mehr neigten auch die Westmächte dazu, die deutsche Frage als vorläufig gelöst zu begreifen.

Am schwersten war es, eine Antwort auf die Frage zu finden, ob nicht die Aufstellung westdeutscher Streitkräfte die Möglichkeit jeder Wiedervereinigung definitiv zunichte mache. Zudem beinhaltete sie ja auch die bis heute bestehende theoretische Gefahr eines Bruderkrieges in Deutschland. Mehr als jeder andere der hier erörterten Zielkomplexe war jener der Sicherheitspolitik tatsächlich nur mit Sicherheitsargumenten legitimierbar.

Immerhin ließ sich die Gesamtanlage der Westbindung in den frühen fünfziger Jahren noch als ein Weg begreifen, mittel- und langfristig mit Hilfe der Westmächte die Sowjetunion friedlich aus der DDR herauszuverhandeln. Schließlich wurde die westliche Allianz von den USA geführt, der wirtschaftlich und technisch eindeutig stärksten Weltmacht. Weltmächte waren aber auch noch die mit großen Kolonialimperien ausgestatteten Verbündeten Frankreich und Großbritannien. Demgegenüber die Sowjetunion: wirtschaftlich und gesellschaftspolitisch wenig effizient, krampfhaft an einem zunehmend ins Brodeln kommenden Ostblock festhaltend, international noch ziemlich isoliert, kulturell unattraktiv und mühsam mit den Problemen der Entstalinisierung und Modernisierung ringend!

Heute wissen wir, daß die Politik der Stärke hinsichtlich der Wiedervereinigung ein Fehlschlag war. Bis Mitte der fünfziger Jahre hatte dieser Kalkül aber viel für sich.

Adenauer selbst war übrigens schon recht früh sehr skeptisch, ob eine Wiedervereinigung gegen den Willen der Sowjetunion möglich sein würde. Seit 1952 hat er, anfänglich vor allem intern, die Auffassung vertreten, nur eine große Ost-West-Entspannung würde schließlich Moskau veranlassen können, die Grundlage seiner Deutschlandpolitik zu überdenken. Wie wir wissen, ist auch der Entspannungskalkül nicht aufgegangen — Adenauer selbst hat das aber nicht mehr erlebt.

Die eigentliche Diskussion über die Vereinbarkeit der Entscheidung für den Westen mit dem Wiedervereinigungsziel setzte erst relativ spät ein — mit den sowjetischen Noten des Frühjahrs 1952, in denen die östliche Zustimmung zur Wiedervereinigung unter anderem auch mit der Vorbedingung verknüpft wurde, das wiedervereinigte Deutschland müsse von allen Streitkräften der Siegermächte geräumt werden und dürfe keinem Militärbündnis angehören.

Bis zu diesem Zeitpunkt hatte keine der großen Parteien einen prinzipiellen Widerspruch zwischen dem mittelfristigen Ziel der Wiedervereinigung und der Westorientierung erkennen wollen. Noch nach dem Eingang der ersten Note — Anfang April 1952 — bekannte sich der gesamte Bundestag einschließlich der sozialdemokratischen Opposition zu dem Grundsatz, daß ein Wiedervereinigungsprozeß mit freien Wahlen für eine gesamtdeutsche Nationalversammlung zu beginnen habe und daß die aufgrund dieser Wahlen zu bildenden Staatsorgane innen- und außenpolitische Entscheidungsfreiheit haben müßten — auch bei der Aushandlung eines Friedensvertrages.

Angeregt durch den sowjetischen Vorstoß veränderte sich aber von nun an die Diskussion. Immer stärker schob sich nun bei den Sozialdemokraten, doch auch bei der FDP, eine Denkschule in den Vordergrund, deren ganze Aufmerksamkeit der Forderung galt, erst müsse in Verhandlungen der Vier Mächte der Sicherheits-Status eines wiedervereinigten Gesamtdeutschland festgelegt werden, denn erst dann könne erwartet werden, daß die Sowjetunion freien Wahlen und der Durchführung eines Wiedervereinigungsprozesses zustimme.

In diesem Zusammenhang ließen die Sozialdemokraten immer deutlicher erkennen, daß sie gegen einen von den Großmächten garantierten blockfreien Status eines wiedervereinigten Deutschland nichts einzuwenden haben würden, sofern dadurch die Wiedervereinigung ermöglicht würde. Um dieses Zentralproblem drehte sich die deutschlandpolitische Diskussion der Jahre zwischen 1952 und 1960.

In bezug auf unser Thema „Entscheidung für den Westen" bedeutete dies: die sicherheitspolitische Westbindung der Bundesrepublik sollte nach Meinung der Befürworter eines Blockfreiheitskonzepts für Gesamtdeutschland nur eine Zwischenphase darstellen. Im Grunde haben sie damit erneut eine zwar nicht bindungsfreie, aber durch allseitige Manövrierfähigkeit gekennzeichnete Mittellage angestrebt, wie sie für die Außenpolitik des Deutschen Reiches vor dem Zusammenbruch 1945 möglich und kennzeichnend gewesen war.

Ob dieses vage Konzept realisierbar gewesen wäre, wenn sich alle Beteiligten in den frühen fünfziger Jahren entschieden darauf eingelassen hätten, ob es geeignet gewesen wäre, den Frieden Europas und zugleich die freiheitliche Entwicklung in Deutschland für eine Reihe von Jahrzehnten zu gewährleisten, ist eine Frage reiner Spekulation. Als die Westmächte schließlich 1959, auf der Genfer Deutschlandkonferenz, einen Plan vorlegten, der in dieser Richtung hätte fortentwickelt werden können, war die Sowjetunion vom Denkmodell einer Lösung der deutschen Frage durch Wiederherstellung des Deutschen Reiches schon weit abgerückt. Die Erinnerung an die zuvor kurz skizzierten anderen Wiedervereinigungskonzepte mag aber einen Hinweis darauf geben, daß Konzepte vielfach logisch klingen, in der Praxis aber wirkungslos sind.

In unserem Zusammenhang ist diese Frage vor allem auch deshalb von Interesse, weil die Auseinandersetzung mit dem Blockfreiheitskonzept den Bundeskanzler Adenauer veranlaßt hat, die maßgebenden Grundgedanken seiner Politik deutscher Westbindung scharf herauszuarbeiten.

Daß der damalige Bundeskanzler an einer Wiedervereinigung uninteressiert gewesen sei — ein „Rheinbundpolitiker“, wie der stets durch ingrimmige Bosheit, aber nicht immer durch scharfes Beobachtungsvermögen ausgezeichnete Rudolf Augstein damals behauptet hat —: diese Auffassung ist nicht zu belegen und nach allem, was wir über Adenauer wissen, unzutreffend wie so viele andere schöne Bilder, die man sich aus der Ferne von den Motiven maßgebender Politiker macht. Adenauer unterschied sich durchaus nicht von der Mehrheit westdeutscher Politiker. Auch er wollte die Wiedervereinigung, aber er wollte sie zu Bedingungen, die eine langfristig stabile Entwicklung der Demokratie in Deutschland und des europäischen Staatensystems gewährleisteten. Entscheidend für ihn war, daß er die Frage der Wiedervereinigung nicht als isoliert deutsches Problem, sondern aus einer Gesamtanschauung des europäischen Staatensystems begriffen hat.

Ging man an die Thematik mit einer derart weitgespannten Perspektive heran, dann mußten einige Kernfragen beantwortet werden: Was würde aus der Versöhnung mit Frankreich und damit aus dem Frieden, wenn ein wiedervereinigtes Deutschland daran gehindert sein würde, an der europäischen Integration weiter mitzuwirken? Wo würden die USA bleiben, wenn sie sich genötigt sahen, ihre Streitkräfte aus Deutschland abzuziehen? War dann nicht erneut eine Rückwendung Amerikas zum Isolationismus zu erwarten mit leicht vorhersehbaren Folgen für das europäische Gleichgewicht? Mußte das wiedervereinigte Deutsche Reich dann nicht erneut die Isolierung befürchten — etwa aufgrund eines Zusammenspiels zwischen der sowjetischen Weltmacht und dem erneut um Sicherheit vor Deutschland besorgten Frankreich? Würde dann die ganze Misere der deutschen Mittellage nicht erneut anheben, wobei sich das Reich aber in einem viel unstabileren und geschwächteren Zustand befunden hätte als jemals zuvor — um die Ostgebiete reduziert, im Innern durch schwierigste Fragen der Zusammenführung zwischen der früheren DDR und der Bundesrepublik in Atem gehalten und außenpolitisch ständig von der Tatsache beunruhigt, daß es schlechthin unmöglich ist, ein Siebzig-Millionen-Volk in prekärer Lage zwischen den Mächten und ausgestattet mit einem großen Wirtschaftspotential in einem Zustand permanenter Blockfreiheit zu halten? Beinhaltete nicht sogar der Wiedervereinigungsprozeß hin zu diesem Ziel so viele Fallen, daß es klüger war, sich gar nicht darauf einzulassen?

Die Fragen so stellen, hieß sie eindeutig negativ beantworten. Adenauer hat in der Tat die Idee einer Neutralisierung Gesamtdeutschlands immer als direkten Weg zur Hölle begriffen und entsprechend unbarmherzig bekämpft. Er hielt die deutsche Demokratie für zu ungefestigt, die wirtschaftliche Abhängigkeit Deutschlands von den westlichen Märkten für zu ausgeprägt, das europäische Staatensystem für viel zu labil, als daß er bereit gewesen wäre, sich auf einen derartigen Kurs einzulassen. Stabilität der Demokratie und des europäischen Systems war seiner Meinung nach allein dann einigermaßen gewährleistet, wenn auch ein wiedervereinigtes Deutschland frei war, sich an den westlichen Gemeinschaften zu beteiligen. Hinsichtlich des Territoriums der DDR mochten Sonderregelungen denkbar sein, etwa eine Demilitarisierung analog der des Rheinlandes gemäß dem Locarno-Vertrag. Deutschland als Ganzes aber sollte und durfte nicht verwehrt sein, sich aufgrund freier Entscheidung seiner frei gewählten Regierung gegebenenfalls mit den Westmächten zu verbünden.

Auf die kritische Frage, wie das für die Sowjetunion annehmbar sein sollte, die ja immerhin über die DDR als Faustpfand gebot, gab es nur zwei Antworten. Entweder geriet Rußland in einen Zustand innerer und äußerer Schwäche, so daß es die vorgeschobene Position im Herzen Deutschlands räumen mußte. Oder alle Beteiligten einschließlich der Sowjetunion kamen zur Erkenntnis, daß der Kalte Krieg einerseits zu riskant und kostspielig, andererseits unproduktiv sei. Dann mochten sich Möglichkeiten abzeichnen, die deutsche Frage im Gesamtrahmen europäischer Neuordnung einer befriedigenden Lösung näherzubringen.

Wir haben diesen letzten Punkt etwas breiter ausgeführt, weil er für die Diskussion der folgenden Jahrzehnte so wesentlich war und im Grunde auch heute noch von einer gewissen Aktualität ist. Dabei kommt auch nochmals in Erinnerung, daß das Thema „Entscheidung für den Westen" eben nicht nur in bezug auf die Nachkriegskonstellation gesehen worden ist und bewertet werden muß, sondern daß die Bedeutung dieser Grundentscheidung nur voll einsichtig wird, wenn man sie vor dem größeren Hintergrund deutscher und europäischer Geschichte zu verstehen sucht.

Aus der Sicht Mitte der achtziger Jahre ist zu konstatieren, daß sich die „Entscheidung für den Westen" in vielerlei Hinsicht als bemerkenswert erfolgreicher Gesamtansatz darstellt. Der Aufbau einer stabilen Demokratie ist in geradezu beispielloser, so von niemandem recht für möglich gehaltenen Art und Weise geglückt. Wie alle Staatsformen hat auch die Demokratie des Grundgesetzes ihre Mängel und ihre inneren Gefährdungen. Aber daß sie im Prinzip von einer großen Mehrheit der Bevölkerung akzeptiert wird und daß sie funktioniert, wäre mit großer Wahrscheinlichkeit so nicht möglich gewesen, wenn die vernünftige innere Entwicklung nicht durch die Einbettung in eine größere Gemeinschaft der demokratischen Verfassungsstaaten abgesichert worden wäre.

Die Erfolge der Westintegration der bundesdeutschen Wirtschaft bedürfen keiner besonderen Unterstreichung, genausowenig der Umstand, daß die kontrollierte Souveränität innerhalb der Integrationsgemeinschaften entscheidend für den Aufbau eines stabilen westlichen Staatensystems beigetragen hat.

Die Gefährdungen und Paradoxien der sicherheitspolitischen Westbindung sind zwar bekannt, aber es ist ebenso unbestreitbar, daß sie — entgegen den Befürchtungen, die Heinemann, Augstein und mancher andere in den frühen und mittleren fünfziger Jahren artikuliert haben — weder zu einem sowjetischen Präventivkrieg noch zum Wiederaufleben eines gefährlichen deutschen Militarismus geführt haben. Die Eindämmung der Sowjetunion ist gelungen, und zwar in Formen, die es sogar über längere oder kürzere Perioden hinweg erlauben, mit den Gegenspielern nützliche, manchmal sogar vielverheißende Entspannungsdialoge zu pflegen.

So sind die meisten der Befürchtungen, die mit der „Entscheidung für den Westen" verbunden waren, nicht in Erfüllung gegangen, während die Erwartungen eher noch übertroffen wurden.

Allerdings ist, wie eben erörtert, *ein* Ziel durch die Westbindung nicht erreicht worden: die Wiedervereinigung oder auch nur die Herstellung freierer Verhältnisse in der DDR. Freilich muß man hinzufügen: die Argumente, die für eine Entscheidung für den Westen sprachen, waren aus sich selbst heraus so zwingend, daß die Entscheidung wohl genauso ausgefallen wäre, hätten alle maßgeblich Beteiligten (und wahrscheinlich auch die Wähler insgesamt) Ende der vierziger und Anfang der fünfziger Jahre den heutigen Stand der deutschen Frage voraussehen können. Die Deutschen haben sich Ende der vierziger und Anfang der fünfziger Jahre nicht gegen die Wiedervereinigung entschieden, sondern in erster Linie gegen die totalitäre Sowjetunion und für die westlichen Demokratien.

Die Zeitgenossen der Jahre der Entscheidung für den Westen ahnten aber vielfach nicht, daß sie damit einem europäischen Gleichgewichtssystem zur Existenz verholfen haben, das trotz aller Belastungen durch die Ost-West-Spannungen nunmehr schon länger als drei Jahrzehnte eine stabile demokratische Entwicklung und den Frieden gewährleistet hat. Heute besteht das zwischen 1948 und 1955 etablierte Gleichgewichtssystem schon so lange, daß man es mit den Neuordnungen vergleichen kann, die 1648 im Westfälischen Frieden, 1815 auf dem Wiener Kongreß und 1866/71 durch Bismarck herbeigeführt wurden. Dieses System ist zwar vielfach quälend für diejenigen, die bei den Entscheidungen jener Jahre auf die falsche Seite geraten sind, und man mag sich daran erinnern, daß auch die Systeme von 1648 und von 1815 für manche der betroffenen Länder mit Leiden und Frustrationen verbunden waren. Aber die Neuordnung war eben doch ähnlich haltbar wie jene früheren, durch welche die Jahre oder Jahrzehnte des Kriegs und der Spannungen zu einem vorläufigen Ende gebracht wurden. Ähnlich haltbar — aber natürlich, da die Geschichte nicht still steht, genauso wie auch alle früheren Gleichgewichtssysteme und wie alle Lösungen, die die deutsche Frage in der Vergangenheit gefunden hat, doch auch dazu bestimmt, eines Tages zusammenzubrechen. Die Geschichte steht nicht still, die „Entscheidung für den Westen" ist, wie wir wissen, erneut umstritten und die deutsche Frage ungelöst wie eh und je. Aber wann und unter welchen Bedingungen sich neue, fundamentale Veränderungen vollziehen werden, wissen wir nicht, und ob es Veränderungen zum Besseren sein werden, bleibt abzuwarten. Denn gerechterweise wird man eben doch feststellen müssen, daß die Entscheidung für den Westen zumindest der Bundesrepublik und ihren westlichen Partnern eigentlich nur Gutes gebracht hat.

HANS GÜNTER HOCKERTS

INTEGRATION DER GESELLSCHAFT

Gründungskrise und Sozialpolitik in der frühen Bundesrepublik

Die Gründung der Bundesrepublik war von „einer schweren sozialen Krise" begleitet[1], für die sich die historiographische Einbürgerung des Begriffs der Gründungskrise empfiehlt. Begriffe dienen der Organisation von Aufmerksamkeit, und der Begriff der Gründungskrise ist wohl geeignet, die unter dem Eindruck schneller Stabilisierungserfolge verschüttete Aufmerksamkeit für die anfangs hochgradige innere Labilität des neuen Staatsgefühles zurückzugewinnen: für das große Ausmaß an sozialen Notständen und Erschütterungen, an Spannungen und Gegensätzen innerhalb der westdeutschen Gesellschaft — und für die damit verbundene Ungewißheit über die Entwicklungsmöglichkeiten dieses staatlichen Neubeginns.

Im folgenden werde ich zunächst (I.) die wichtigsten Merkmale der sozialen Krise in der Gründungssituation der Bundesrepublik kennzeichnen, um dann (II.) einen Überblick darüber zu geben, wie die Sozialpolitik der 1950er Jahre auf diese Herausforderungen geantwortet hat. Schließlich folgen (III.) einige Überlegungen über den Stellenwert, den die Sozialpolitik im Rahmen der Konsolidierung der westdeutschen Nachkriegsgesellschaft hatte.

I.

Die Rede ist also zunächst von den sozialgeschichtlichen Hauptmerkmalen der Gründungskrise. Man kann sie klassifizierend in drei Bereiche einteilen. Betrachten wir als erstes den Bereich der vom Nationalsozialismus und vom Zweiten Weltkrieg hinterlassenen sozialen Hypotheken. Hier ist vor allem der Zustrom von 7,9 Millionen Flüchtlingen und Vertriebenen aus den früheren deutschen Ostgebieten und von 1,5 Millionen Flüchtlingen aus der SBZ/DDR zu nennen, die bis 1950 ins Bundesgebiet hereingeströmt waren. Das waren zusammen 9,4 Millionen Menschen oder knapp 20% der westdeutschen Bevölkerung[2], die in Form der Vertreibung unter den Spätfolgen des nationalsozialistischen Hegemonialkriegs und den

[1] Lutz Niethammer, Entscheidung für den Westen — Die Gewerkschaften im Nachkriegsdeutschland, in: Heinz O. Vetter (Hrsg.), Aus der Geschichte lernen — die Zukunft gestalten, Köln 1980, S. 232.

[2] Siegfried Bethlehem, Heimatvertreibung, DDR-Flucht, Gastarbeiterzuwanderung. Wanderungsströme und Wanderungspolitik in der Bundesrepublik Deutschland, Stuttgart 1982, S. 22—25.

Ergebnissen der alliierten Siegerdiplomatie zu leiden oder sich in Form der Flucht den angsterregenden Herrschaftspraktiken der östlichen Besatzungsmacht entzogen hatten.

Die Pauperisierung dieser Menschen, ihre Entwurzelung, der meist totale Verlust ihrer Existenzgrundlagen, das gehörte zweifellos zu den massivsten Belastungen des westdeutschen Gesellschaftsgefüges. Wegen des hohen Zerstörungsgrades der Städte waren die Vertriebenen überwiegend in ländliche Gebiete hineingelenkt worden. Dort konnten sie auf das Notdürftigste untergebracht werden. Aber ihre Zusammenballung in agrarischen, industriearmen Regionen überforderte die Aufnahmefähigkeit dieser Gebiete und bot den Vertriebenen kaum soziale Eingliederungschancen. Ob und wie es gelingen würde, die Vertriebenen zu integrieren — in einer für sie selbst befriedigenden Weise, aber auch ohne tiefgehende Erschütterung der aufnehmenden Gesellschaft —, das war 1950 noch eine ganz offene Frage; zumal die wirtschaftliche Lage der Bundesrepublik ohnehin unsicher war, von Arbeitslosigkeit gekennzeichnet, mit Mängeln und Engpässen in fast allen Bereichen von Infrastruktur, Produktion und Versorgung. „Das Flüchtlingsproblem", so hat H.-P. Schwarz plastisch und treffend formuliert, tickte „als Zeitbombe im Gebälk des jungen Staates"[3].

Aber auch innerhalb der einheimischen Bevölkerung gab es große Gruppen, die von den Folgen des Nationalsozialismus und des Krieges besonders hart getroffen und besonders schwer geschädigt worden waren — desintegrierte Teile der westdeutschen Nachkriegsgesellschaft[4]. Dazu zählten die Opfer der nationalsozialistischen Verfolgung. Soweit sie überlebt hatten, standen jetzt viele gesundheitlich und beruflich geschädigt da, in ihrer wirtschaftlichen Existenz zurückgeworfen. Dazu zählten die 4,1 Millionen Kriegsopfer, die der Krieg als Invaliden, Witwen oder Waisen hinterlassen hatte[5]. Dazu zählten die Spätheimkehrer aus der Kriegsgefangenschaft; zwischen 1947 und 1955 waren das 1,6 Millionen Menschen, die nun wieder Anschluß an das Zivilleben suchten[6].

Bis weit in die 1950er Jahre hinein schufen ferner die Rückführung und der Starthilfebedarf von Evakuierten ein „gravierendes innenpolitisches Problem"[7], also von Menschen, die während des Krieges aus ihren von Frontlinien oder Bombardierung bedrohten Heimatorten in weniger gefährdete Zufluchtsorte um-

---

[3] Hans-Peter Schwarz, Die Ära Adenauer. Gründerjahre der Republik 1949—1957, Stuttgart —Wiesbaden 1981, S. 120.

[4] Vgl. die Typologie „sozialer Schicksale" bei Helmut Schelsky, Wandlungen der deutschen Familie in der Gegenwart. Darstellung und Deutung einer empirisch-soziologischen Tatbestandsaufnahme, Stuttgart 1960, S. 46—49.

[5] Gemessen an der Zahl der Ende 1950 „anerkannten Versorgungsberechtigten"; vgl. Bevölkerung und Wirtschaft 1872—1972, hrsg. vom Statistischen Bundesamt, Stuttgart u.a. 1972, S. 225.

[6] Sozialer Fortschritt 4 (1955), S. 240. — Vgl. generell: Erich Maschke (Hrsg.), Zur Geschichte der deutschen Kriegsgefangenen des zweiten Weltkrieges, 15 Bände und 2 Beihefte, München 1962—1974.

[7] Christoph Kleßmann, Die doppelte Staatsgründung. Deutsche Geschichte 1945—1955, Göttingen 1982, S. 40.

gesiedelt worden waren. Man wird auch die displaced persons nicht vergessen dürfen, also die ausländischen Zwangsarbeiter und Flüchtlinge fremder Nationalität, die sich bei Kriegsende in einer Zahl von etwa 6 Millionen in den Westzonen Deutschlands befunden hatten; 1949 waren sie größtenteils repatriiert, aber ein bis zwei Hunderttausend dieser ebenfalls Entwurzelten blieben auf der Suche nach Einbürgerung und Existenzsicherung in der westdeutschen Gesellschaft[8].

Notstände gab es weiterhin unter den einheimischen Bevölkerungsteilen, denen im Krieg das Haus oder die Wohnung samt Einrichtung oder das Betriebsvermögen zerbombt oder zerschossen worden waren. Sie hießen im Amtsdeutsch Kriegssachgeschädigte, und dazu zählten, wenn man die Familienangehörigen nicht mitrechnet, 3,4 Millionen Personen[9]. So wie alle zuvor genannten Gruppen erwarteten auch diese Geschädigten Entschädigung. Das erhofften sich schließlich auch die von der Währungsreform 1948 besonders hart Getroffenen. Dieser drastische Währungsschnitt hatte sämtliche Geldvermögen zu 95% entschädigungslos enteignet und hinterließ diejenigen verarmt, die von ihrem Angesparten abhängig waren.

Ich möchte diese Übersicht mit einem Blick auf eine drückende Notlage beenden, die alle bisher genannten Gruppen und weit darüber hinaus betraf. Gemeint ist die katastrophale Wohnungsnot. Flächenbombardierung von Wohngebieten war ein Schwerpunkt der allierten Luftkriegsstrategie gewesen. Man wollte so die Moral der Zivilbevölkerung in Hitlers totalem Krieg zermürben. Das hatte zu massiven Zerstörungen von städtischem Wohnraum geführt[10], während umgekehrt die ins Bundesgebiet strömenden Wanderungsbewegungen den Wohnraumbedarf sprunghaft vermehrten. Das Ergebnis war ein enormes Wohnungsdefizit. 1950 fehlten etwa 5 Millionen Wohnungseinheiten, das entsprach rund einem Drittel des notwendigen Wohnungsbestandes[11].

Alle diese Erbfolgen des Dritten Reiches wurden von einem zweiten Bereich sozialer Spannungslinien überlagert, die nicht primär kriegsfolgebedingt waren. Hier handelte es sich (um es im „Soziolekt" zu sagen) um Spannungen, die aus der Externalisierung sozialer Kosten durch die marktwirtschaftlich konkurrierenden Betriebe herrührten. Diese Betriebe bezahlen — idealtypisch gesehen — in Form des Lohns nur die Kosten der unmittelbaren Arbeitsleistung; dagegen kommen sie nicht ohne weiteres für die Einkommenssicherung derer auf, die arbeitslos sind

[8] Wolfgang Jacobmeyer, Vom Zwangsarbeiter zum Heimatlosen Ausländer. Die Displaced Persons in Westdeutschland, Göttingen 1985.

[9] Sozialenquête. Soziale Sicherung in der Bundesrepublik Deutschland. Anlagenband zum Bericht der Sozialenquête-Kommission, Stuttgart u.a. 1966, S. 14. — Vgl. generell: Dokumente Deutscher Kriegsschäden. Evakuierte, Kriegssachgeschädigte, Währungsgeschädigte, hrsg. vom Bundesminister für Vertriebene, Flüchtlinge und Kriegssachgeschädigte (bwz. später vom Bundesministerium des Innern), 5 Bde. und 2 Beihefte, Bonn 1958—1971.

[10] Marie-Luise Recker, Wohnen und Bombardierung im Zweiten Weltkrieg, in: Lutz Niethammer (Hrsg.), Wohnen im Wandel, Wuppertal 1979, S. 408—428.

[11] Ludwig Preller, Praxis und Probleme der Sozialpolitik, 2. Halbband, Tübingen — Zürich 1970, S. 587.

oder wegen Krankheit vorübergehend nicht arbeiten oder wegen hohen Alters auf Dauer nicht mehr erwerbstätig sind. Auch die Mehrkosten kinderreicher Familien werden nicht in Form von Lohnzuschlägen in die betriebliche Kalkulation eingesetzt; die Familiengröße ist kein Kriterium marktwirtschaftlicher Lohnzumessung.

Die Kalkulationen der privatautonom-dezentral entscheidenden Betriebe werden insofern von einem erheblichen Teil sozialer Neben- und Folgekosten der Arbeitskraft freigesetzt. Das ermöglicht die besondere Effizienz marktwirtschaftlicher Produktion. Das verlangt aber zugleich nach Institutionen der sozialen Sicherung, die diese Kosten auffangen, um den nicht über ein laufendes Markteinkommen verfügenden Menschen auf andere Weise Einkommenssicherheit zu geben.

Für unsere Zwecke ist nun festzuhalten, daß das System der sozialen Sicherung in den Anfangsjahren der Bundesrepublik sehr schwerwiegende Defizite aufwies. Das läßt sich an drei Beispielen verdeutlichen:

— Die Sozialrentner, also die 3,9 (1950) bzw. 5,5 (1955) Millionen Empfänger von Versicherten- oder Witwenrente aus der gesetzlichen Rentenversicherung[12], waren buchstäblich verelendet. Seit ihrer Einführung in der Bismarck-Zeit war die Rentenversicherung zu keinem Zeitpunkt imstande gewesen, den Zirkel von Alter und Armut zu durchbrechen. Die Gründe will ich hier beiseite lassen[13] und nur dieses Ergebnis festhalten: Seit mehreren Generationen stand für die meisten Arbeitnehmer am Ende des Arbeitslebens der Absturz in die düstere Altersarmut.

  Die krasse Verteilungsdisparität zwischen der arbeitenden und der nicht mehr arbeitenden Generation war um 1950 besonders stark ausgeprägt. Das belastete die Sozialrentner; das verdüsterte zugleich auch die eigene Zukunftserwartung im Lebensgefühl weiter Kreise der noch Erwerbstätigen. Eine „fast panische Angst vor dem Rentenalter" diagnostizierten die gewerkschaftlichen Monatshefte 1953 in weiten Kreisen der Arbeiter und Angestellten[14].

— Während die Angestellten, wenn sie krank wurden, sechs Wochen lang ihr volles Gehalt weiter bezogen, galt das für die Arbeiter, also für etwa die Hälfte der erwerbstätigen Bevölkerung, nicht. Sie erhielten, in den Gründerjahren der Bundesrepublik noch immer so wie in der Bismarck-Zeit, von der Krankenversicherung ein Krankengeld in der Höhe der Hälfte ihres Nettolohns[15]. Wir wissen aus Erhebungen der 1950er Jahre, daß diese Regelung im Bewußtsein der befragten Arbeiter als eine krasse soziale Benachteiligung perzipiert war[16].

---

[12] Theodor Maunz — Hans Schraft (Hrsg.), Die sozialpolitische Gesetzgebung der Bundesrepublik auf dem Gebiete der Sozialversicherung 1950—1960 mit Zahlenspiegel über Entwicklung und Stand, Berlin 1961, Übersicht RV 1.

[13] Dazu Hans Günter Hockerts, Sicherung im Alter. Kontinuität und Wandel der gesetzlichen Rentenversicherung 1889—1979, in: Werner Conze — M. Rainer Lepsius (Hrsg.), Sozialgeschichte der Bundesrepublik Deutschland. Beiträge zum Kontinuitätsproblem, Stuttgart 1983, S. 296—323.

[14] Gewerkschaftliche Monatshefte 4 (1953), S. 90.

[15] Volker Hentschel, Geschichte der deutschen Sozialpolitik 1880—1980, Frankfurt 1983, S. 184.

[16] Heinrich Popitz u.a., Das Gesellschaftsbild des Arbeiters. Soziologische Untersuchungen in der Hüttenindustrie, Tübingen 1957, S. 112 f.

— Einen Familienlastenausgleich in dem Sinne, daß kinderreiche Familien eine Einkommensergänzung durch Kindergeld erhalten, gab es nicht und hatte es nie gegeben, sieht man von einem eher rassisch und bevölkerungspolitisch motivierten Intermezzo im Nationalsozialismus ab.

Das Ergebnis war — mit den Worten einer Untersuchung von 1953 — eine deutliche „Beziehung zwischen Kinderzahl und Armut"[17]. Das heißt im Klartext: Viele Familien mit großer Kinderzahl lebten kümmerlich, teils wegen der Zusatzkosten der Kinder, teils aber auch, weil die Kinderversorgung es den Müttern in Haushalten mit geringem Einkommen des Familienvaters erschwerte, durch eigene Erwerbstätigkeit zum Familieneinkommen beizutragen.

Dieser zweite Merkmalsbereich der sozialen Krise in der Gründungssituation der Bundesrepubik läßt sich stichwortartig zusammenfassen: Existenzunsicherheit in der Folge von Defiziten der sozialen Sicherung.

Der dritte Krisenbereich schließlich lag in der Spannung zwischen sozialökonomischen Zielen der im Deutschen Gewerkschaftsbund organisierten Arbeiterbewegung und dem Kurs der Regierungskoalition. Ein Eckpfeiler der Sozialverfassung — die Wiederherstellung der Tarifvertragsautonomie der Gewerkschaften und Arbeitgeberverbände — war zwar unumstritten: Der Staat zog sich mithin aus der direkten Verantwortung für die Gestaltung eines Großteils der Lohn- und Arbeitsbedingungen zurück. Heftig umstritten waren dagegen drei weiterreichende Forderungen, die sich der DGB auf seinem Gründungskongreß 1949 programmatisch vorgemerkt hatte: zentrale volkswirtschaftliche Planung, Vergesellschaftung der Schlüsselindustrien, „Mitbestimmung der organisierten Arbeitnehmer in allen personellen, wirtschaftlichen und sozialen Fragen der Wirtschaftsführung"[18]. In Anbetracht der gegenläufigen neoliberalen Marktwirtschaftspolitik der Bundesregierung waren die Zeichen also auf Sturm gesetzt mit unsicherem Ausgang.

Als Nahziel und zentrale Kampfarena rückte der DGB den auf Mitbestimmung zielenden arbeitsrechtlichen Programmteil in den Vordergrund. Vom Ausgang dieser Auseinandersetzung hing die noch unentschiedene Frage der Integration der Gewerkschaften in das neue Staatsgefüge großenteils ab.

Wenn man alles bisher Gesagte in Zusammenschau sieht und die gleichzeitige Lagerung dieser sozialen Sprengstoffe berücksichtigt; wenn man bedenkt, daß der ökonomische Aufschwung bis Mitte 1952 ungesichert war — bei niedrigem Lohnniveau und einer im Gefolge der Währungsreform zunächst rapide steigenden Arbeitslosenquote[19]; wenn man als Spannungsindikator hinzunimmt, daß das

[17] Ilse Elsner — Rüdiger Proske, Der Fünfte Stand. Eine Untersuchung über die Armut in Westdeutschland, in: Frankfurter Hefte 8 (1953), S. 109.

[18] Hans O. Hemmer, Stationen gewerkschaftlicher Programmatik. Zu den Programmen des DGB und ihrer Vorgeschichte, in: Gewerkschaftliche Monatshefte 33 (1982), S. 506—518.

[19] Werner Abelshauser, Wirtschaftsgeschichte der Bundesrepublik Deutschland (1945—1980), Frankfurt 1983.

westdeutsche Parteiensystem 1950 im Begriff stand, sich in eine Vielzahl von Regional- und Protestparteien zu zersplittern[20] — dann erscheint der etwas dramatisch klingende Begriff der Gründungskrise nicht übertrieben, sondern durchaus angemessen.

II.

Wie hat die Sozialpolitik der 1950er Jahre auf die soeben skizzierten Notstände, Spannungen und Gegensätze reagiert? Theoretische Erörterungen darüber, was „Sozialpolitik" ist, können hier beiseite bleiben. Für unsere Zwecke kann die alte Definition (1899) des Sozialwissenschaftlers Bortkiewicz genügen, wonach Sozialpolitik „die in Gesetzgebung und Verwaltung sich äußernde Stellungnahme des Staates zu den sozialen Gegensätzen" ist[21]. Das Grundgesetz hatte für diese Stellungnahme wenig Normen mit auf den Weg gegeben: ein generelles Sozialstaatsgebot zwar, aber nahezu keine Konkretisierung. Der Parlamentarische Rat hatte die Frage der Wirtschafts- und Gesellschaftsordnung vielmehr bewußt weitgehend offengehalten, also der Gestaltungskompetenz des Gesetzgebers überlassen, oder deutlicher gesagt: dem Durchsetzungskampf der politischen Kräfte.

Auf Parteiebene fügt sich die Konstellation dieser Kräfte nicht ohne weiteres der einfachen Formel: hier Bürgerblock der Regierung Adenauers — dort sozialdemokratische Opposition. Man kann diese Formel am ehesten im Hinblick auf die große, scharfe und öffentlichkeitsmobilisierende Konfrontation in der Außen- und Wiederbewaffnungspolitik akzeptieren. Die wirtschaftspolitischen Auseinandersetzungen gerieten aber nach wenigen Jahren in eine „vergleichweise windstille Zone"[22], und in der Sozialpolitik ist mit dieser Dichotomie am wenigsten anzufangen.

Auch da gab es Divergenzen zwischen Regierungskoalition und Opposition, wir werden es noch sehen; aber oft auch eine sehr enge Zusammenarbeit in den sozialpolitischen Ausschüssen des Bundestages. Und es gab auch das, was Werner Conze einmal „Krypto-Großkoalition" genannt hat[23], also ein sozialpolitisches Zusammengehen von Union und SPD gegen die angeblichen Bürgerblockpartner

---

[20] Jürgen W. Falter, Kontinuität und Neubeginn. Die Bundesrepublik 1949 zwischen Weimar und Bonn, in: Politische Vierteljahresschrift 22 (1981), S. 236—263.

[21] Ladislaus von Bortkiewicz, Der Begriff der „Sozialpolitik", in: Jahrbücher für Nationalökonomie und Statistik 72 (1899) S. 334 f. Umfassender Franz-Xaver Kaufmann, Elemente einer soziologischen Theorie sozialpolitischer Intervention, in: ders. (Hrsg.), Staatliche Sozialpolitik und Familie, München — Wien 1982, S. 49—86.

[22] Kurt Klotzbach, Der Weg zur Staatspartei. Programmatik, praktische Politik und Organisation der deutschen Sozialdemokratie 1945 bis 1965, Berlin — Bonn 1982, S. 238.

[23] Manuskript 1980, zit nach Ulrich Engelhardt, Strukturelemente der Bundesrepublik Deutschland. Überlegungen zum Problem historischer Kontinuität am Beispiel der Betriebsverfassung, in: Vierteljahrschrift für Sozial- und Wirtschaftsgeschichte 69 (1982), S. 379.

FDP und DP. Die prominentesten Beispiele hierfür sind das Montanmitbestimmungsgesetz 1951 und die Einführung der dynamischen Rente 1957.

Im Bereich der Wirtschafts- und Sozialpolitik ist es wohl besser, zumindest drei politische Kräftezentren zu unterscheiden, nämlich in grober Schematisierung — den (vornehmlich protestantischen) bürgerlich-neoliberalen Wirtschaftsflügel in der Regierungskoalition, den christlich-sozialen (vorwiegend katholischen Arbeitnehmer-)Flügel innerhalb der Regierungskoalition mit Präsenz auch im DGB, sowie die zunächst dominant sozialistischen Kräfte in SPD und DGB.

Auch in dem katholisch-sozialen Flügel gab es anfangs viel Distanz zum marktwirtschaftlichen Credo des Wirtschaftsflügels. Dem Konkurrenzprinzip des Marktes wohne keine gemeinschaftsbildende Ethik inne — so hieß der entscheidende Einwand —, so daß ihm mit dem Kooperationsprinzip berufsständischer Selbstverwaltungskörperschaften gegengesteuert werden müsse[24]. Während die katholisch-soziale Bewegung — wiederum etwas schematisch gesprochen — im Aufwind neoliberaler Marktwirtschaftserfolge wirtschaftspolitisch rasch ins Abseits gedrängt wurde, ging sie auf dem Feld der Sozialpolitik in die Offensive, und sie erreichte hier einige beträchtliche Durchsetzungserfolge gegenüber den Neoliberalen, von denen viele dem Marktmechanismus fast alles, der wohlfahrtsstaatlichen Intervention um so weniger zutrauten.

Insgesamt gesehen gab es wechselnde Konstellationen und Kompromisse zwischen den drei genannten sozialpolitischen Kräftezentren, zumal zunächst einmal, in der ersten Legislaturperiode 1949—53, viel sozialpolitischer Pragmatismus herrschte. Weder die Regierungskoalition noch die Opposition hatte dafür Zeit, kohärente, fein säuberlich alternative Sozialpolitikkonzeptionen zu entwickeln. In den sozialpolitischen Ausschüssen des Bundestags hatte man vielmehr bis zur physischen Erschöpfung alle Hände voll mit den drängenden Tagesfragen zu tun. Man bastelte dort nicht an alternativen Sozialstaatsmodellen, sondern an schnellen und möglichst vom Konsens der großen Parteien getragenen Lösungen. Das geschah oft in hektischer Eile, manchmal unter etwas chaotischen Umständen; gelegentlich mußte ein Sozialgesetz, ehe es in Kraft trat, schon wieder novelliert werden, weil alle miteinander in der Eile wichtige Komplikationen übersehen hatten[25].

Im Vordergrund der sozialpolitischen Gesetzgebung stand in diesen Anfangsjahren die Kriegsfolgenbewältigung. Einge wichtige Sozialgesetze dieses Bereichs sind jetzt kurz vorzustellen, wobei vorweg etwas zu betonen ist, was vielleicht selbstverständlicher klingt als es ist: Die Gesamtanlage der westdeutschen Politik zielte auf den Abbau des vom Krieg hinterlassenen Spannungspotentials. „Die Alternative ist

[24] Albrecht Langner (Hrsg.), Katholizismus, Wirtschaftsordnung und Sozialpolitik 1945—1963, Paderborn u.a. 1980.

[25] Hans Günter Hockerts, Sozialpolitische Entscheidung im Nachkriegsdeutschland. Alliierte und deutsche Sozialversicherungspolitik 1945 bis 1957, Stuttgart 1980, bes. S. 143, 182 f.

nie auch nur erwogen worden: bewußtes Offenhalten der explosiven Lage, um von den Deutschland-Mächten mit der Drohung gewaltsamer Konflikte die Rückgabe der Ostgebiete zu erzwingen". Vielmehr galt im Kabinett die Maxime, daß „der innere soziale Friede auf jeden Fall gesichert werden müsse"[26].

Den Beginn machte die Kriegsopferversorgung mit dem Bundesversorgungsgesetz von 1950, das in seinen Grundzügen auch heute noch gilt. Es war zur sozialen Sicherung all derjenigen konzipiert, die durch den Krieg Schäden an Körper und Gesundheit erlitten hatten, vor allem also ehemalige Wehrmachtsangehörige, aber auch Zivilisten, sofern sie durch unmittelbare Kriegseinwirkung körperlich versehrt worden waren. Diese Erweiterung des Personenkreises spiegelte die Folgen eines „totalen" Krieges wider, der in großem Ausmaß auch die Zivilbevölkerung in Mitleidenschaft gezogen hatte. Das Gesetz wurde in enger Zusammenarbeit mit der sozialdemokratischen Opposition ausgearbeitet und einvernehmlich verabschiedet[27]. Es hat auch bei sehr kritischen Beobachtern ein positives Echo gefunden[28], und zwar hauptsächlich wegen des weit gefächerten Leistungsrahmens. Dieser umfaßte neben Rentenzahlungen an die Kriegsopfer und ihre Hinterbliebenen auch ein breites Spektrum an medizinischer und beruflicher Rehabilitation, an Erziehungshilfen für Kinder, an Erholungs- und Wohungsfürsorge und Sonderleistungen für besonders hart Betroffene. Ergänzend trat 1953 ein Schwerbeschädigtengesetz hinzu, das mit arbeitsrechtlichen Mitteln die Zuverdienstchancen von Kriegsbeschädigten und Kriegswitwen in den privaten Unternehmen und im öffentlichen Dienst zu verbessern suchte.

Das Niveau der Kriegsopferrenten war allerdings anfangs geradezu kümmerlich. Denn die Zahl der Leistungsempfänger war sofort groß, das Finanzvolumen des Bundes aber anfangs gering und die Konkurrenz anderer sozialpolitisch motivierter Ausgabeprogramme stark. Immerhin sind die Ausgaben für die Kriegsopferversorgung im Laufe der 1950er Jahre beträchtlich gesteigert worden, nicht zuletzt dank kräftiger Öffentlichkeitsmobilisierung durch zwei (damals mächtige) Kriegsopferverbände, die auch über wirksame personelle Querverbindungen in den großen Bundestagsfraktionen verfügten.

Über die konkreten Auswirkungen dieser und anderer Sozialgesetze auf die Lebensumstände dieser und anderer Betroffenengruppen wissen wir aber (das muß hier generell betont werden) wenig. Die Zeitgeschichtsforschung hat bisher eher die Entstehung von Gesetzen und die damit verbundenen Intentionen untersucht als

---

[26] Wie Bundesfinanzminister Schäffer in einem Schreiben an den Staatssekretär des Bundeskanzleramts am 26. Mai 1952 resümierte, zit. nach Hockerts (Anm. 25), S. 193. — Das vorhergehende Zitat aus Schwarz (Anm. 3), S. 168.

[27] Eine genauere Untersuchung steht noch aus. Vgl. einstweilen Leonhard Trometer, Die Kriegsopferversorgung nach 1945, in: Reinhart Bartholomäi u.a. (Hrsg.), Sozialpolitik nach 1945. Geschichte und Analysen, Bonn 1977, S. 191—206; Rainer Hudemann, Formation et action des associations de victimes de la guerre en Allemagne de l'Ouest et en R. F. A. (1945—1958), in: Alfred Wahl (Hrsg.), Mémoire de la seconde guerre mondiale, Metz 1984, S. 23—40.

[28] Vgl. z.B. Die Quelle. Funktionärsorgan des Deutschen Gewerkschaftsbundes 1 (1950), S. 585.

den Gesetzesvollzug und die Wirkungen im Bedürfnishorizont der Empfänger. Eine solche Ausweitung der Sozialpolitikgeschichte zur Sozialgeschichte beginnt erst jetzt allmählich[29].

So fehlen auch noch alle Vorarbeiten für eine Sozialgeschichte der Spätheimkehrer aus der Kriegsgefangenschaft. Auch hier muß also ein Hinweis darauf genügen, daß zwischen 1950 und 53 ein relativ breit angelegtes gesetzliches Hilfsprogramm entwickelt worden ist. Es reichte von Entschädigungszahlungen bis zum Anspruch auf Wohnraumzuteilung, von Ausbildungsbeihilfen und arbeitsrechtlichem Schutz bis zur rentensteigernden Einfädelung der Kriegsgefangenenzeit in die Rentenversicherung, von Sonderregelungen für Krankenversicherung und Zahnersatz bis hin zu einem besonderen Schutz vor Zwangsvollstreckungen 5 Jahre lang nach der Heimkehr[30]. Die ganze Komplexität einer hoch organisierten Gesellschaft bildet sich geradezu mikroskopisch in diesen Eingliederungsprogrammen ab.

Zu den wichtigen, aber bisher in Entstehung, Durchführung und Wirkung kaum untersuchten sozialpolitischen Programmen gehörte auch der weitverzweigte Bereich der „Wiedergutmachung" für Opfer der nationalsozialistischen Verfolgung. Er umfaßte die beiden großen Teilgebiete der Restitution (Rückerstattung von im Verfolgungszusammenhang entzogenem Eigentum) und der Entschädigung (vor allem für Verfolgungsschäden an Gesundheit und beruflicher Existenz, auch für den Versorgungsverlust der Angehörigen getöteter Verfolgter)[31]. Auch hier war es nicht immer mit der Überweisung von Geldbeträgen getan; die gesetzlichen Entschädigungsprogramme sahen zudem Dienstleistungen vor, Amtshilfen, Heilverfahren, Vorrechte bei der Wiedereingliedung ins Berufsleben, Vergünstigungen in der Sozialversicherung. Wer einen Antrag auf Entschädigungsleistungen stellte, mußte aber — allein schon wegen der zunächst unzureichenden personellen Ausstattung der Wiedergutmachungsämter — mit oft langwierigen Nachprüfungsverfahren rechnen, inwieweit er wirklich Opfer des NS im Sinne des Gesetzes war. Die Vermutung drängt sich auf, daß viele ältere Leute unter den NS-Opfern schon verstorben waren, wenn der Briefträger mit dem Bewilligungsbescheid kam. Es wäre sicher wichtig, die Ergebnisse gerade dieses Entschädigungsprogramms von der Empfängerseite her repräsentativ zu untersuchen[32].

---

[29] Bisher vor allem im Hinblick auf die Vertriebenen, vgl. z.B. Franz Bauer, Flüchtlinge und Flüchtlingspolitik in Bayern 1945—1950, Stuttgart 1982; als Vorfrucht eines auf Nordrhein-Westfalen bezogenen Forschungsprojekts vgl. Falk Wiesemann — Uwe Kleinert, Flüchtlinge und wirtschaftlicher Wiederaufbau in der britischen Besatzungszone, in: Dietmar Petzina — Walter Euchner (Hrsg.), Wirtschaftspolitik im britischen Besatzungsgebiet 1945—1949, Düsseldorf 1984, S. 297—326.

[30] Sozialer Fortschritt 2 (1953), S. 150 f., S. 249 f., 4 (1955), S. 240 f.

[31] Kurzer, doch instruktiver Überblick bei Otto Küsters, Erfahrungen in der deutschen Wiedergutmachung, Tübingen 1967.

[32] Einen Anfang macht die Implementationsstudie des Instituts für angewandte Sozialforschung der Universität Köln: Leistungsverwaltung und Verwaltungsleistung. Analyse von Vollzugsproblemen am Beispiel der Entschädigung für Opfer der nationalsozialistischen Verfolgung, Köln 1983.

Das Kernstück der Kriegsfolgengesetzgebung ist im Lastenausgleichsgesetz von 1952 zu sehen[33]. Hier ging es um die Frage: Wie schaffen wir einen Ausgleich zwischen den Glücklichen, die durch den Krieg materiell nichts oder wenig verloren haben, und denen, die viel oder alles verloren haben? Also eine Umverteilungsprozedur größten Stils mit massiven Interessenkollisionen, und ein dementsprechend hart umkämpftes Gesetz.

Das Gesetz machte die einheimischen Besitzschichten abgabepflichtig. Sie mußten die Hälfte des Sachvermögens, das sie am Stichtag der Währungsreform im Juli 1948 besaßen, abgeben. Das klingt dramatisch. Aber die Modalitäten der Abgabe haben diesen Eingriff dann doch sehr abgemildert. Insbesondere war die Abgabeschuld nicht sofort fällig, sondern 30 Jahre lang in Vierteljahresraten zu zahlen. Dies führte nicht wirklich zu einer Teilung der Vermögen, sondern zu einer Art Sondersteuer auf Vermögen. In den meisten Fällen konnte diese Sondersteuer aus den Vermögenserträgen gezahlt werden; sie machte in der Regel keine Eingriffe in die Vermögenssubstanz erforderlich.

Hier wollte die SPD erheblich weitergehen als die Regierungskoalition. Aber im Rahmen einer „Wiederaufbaustrategie, die dem privaten Unternehmer eine führende Rolle zuwies"[34], war die von der Regierungskoalition durchgesetzte Regelung nahezu zwangsläufig. Denn ein Zugriff auf die Substanz der erhalten gebliebenen Vermögen hätte jedenfalls dort, wo es sich um Produktionsvermögen handelte, eine schnelle Entfesselung der marktwirtschaftlichen Kräfte gelähmt. Hier haben wir also einen klaren Fall der Nachrangigkeit von Sozialpolitik gegenüber den wirtschafspolitischen Grundentscheidungen. Das werbende Argument der Regierungskoalition, daß die wachsende Produktivität letztlich auch wieder den sozialpolitisch Bedürftigen zugute kommen würde, war zunächst einmal ein Wechsel auf die Zukunft. Aber es ist nicht von der Hand zu weisen, daß dieser Wechsel im Wirtschaftsboom der späten 1950er Jahre in einem beträchtlichen Maße eingelöst worden ist.

Keine Vermögensumschichtung also, aber insgesamt hat der aus verschiedenen Finanzierungsquellen gespeiste Lastenausgleichsfonds doch sehr große Geldsummen umverteilt. Bis 1961 zahlte er 42 Milliarden DM aus; bis 1954 immerhin schon fast 10 Milliarden[35]. Für die damaligen Größenordnungen war das viel. Dies zeigt ein vergleichender Blick auf den Bundeshaushalt, der 1954 eine Abschlußsumme von 27 Milliarden DM aufwies[36].

---

[33] Vgl. zuletzt Reinhold Schillinger, Der Lastenausgleich, in: Wolfgang Benz (Hrsg.), Die Vertreibung der Deutschen aus dem Osten. Ursachen, Ereignisse, Folgen, Frankfurt 1985, S. 183—192; ders., Der Entscheidungsprozeß beim Lastenausgleich (1945—1952), Ostfildern 1985.

[34] Abelshauser (Anm. 19), S. 143.

[35] Zahlen einschließlich des bizonalen Vorgängergesetzes (Sozialforthilfe"), das im August 1949 in Kraft getreten war.

[36] Victor von Schmiedeberg, Geschichte und Entwicklung der Haushaltspolitik des Vereinigten Wirtschaftsgebiets und der Bundesrepublik Deutschland von 1945 bis 1954, Bonn 1962, S. 126.

Auf der Empfängerseite des Gesetzes standen in erster Linie die Vertriebenen, daneben auch die Kriegssachgeschädigten. Nach welchen Gesichtspunkten sollten die Gelder verteilt werden? Das war die am heftigsten umstrittene Frage. Sollte man jeweils bestimmte Quoten des verlorenen Vermögens ersetzen? Das erstrebten starke Kräfte unter den Vertriebenen, insbesondere der die Regierungskoalition unter Druck setzende Zentralverband vertriebener Deutscher. Oder sollte der Lastenausgleich nicht auf die verlorenen Vermögen bezogen sein, sondern allein nach Kritierien der akuten Bedürftigkeit Lebensunterhalt sichern und Eingliederungshilfen geben? Dafür engagierte sich die sozialdemokratische Opposition. Auch hier gerieten die Interessen wieder hart gegeneinander. Am Ende stand ein Kompromiß: Der Lastenausgleich hielt am Prinzip der Vermögensentschädigung fest, gab aber der Sicherung des laufenden Lebensunterhalts und einem sehr breiten Spektrum von eingliederungsfördernden Maßnahmen zeitlich und sachlich den Vorrang.

Es würde zu weit führen, dieses Maßnahmenspektrum im einzelnen zu kennzeichnen. Auch auf einige flankierende gesetzliche und administrative Maßnahmen sei nur ein kurzer Blick geworfen. Wichtig waren insbesondere große Umsiedlungsaktionen, kombiniert mit entsprechenden Wohnungsbauprogrammen, mit denen die Zusammenballung der Vertriebenen in ländlichen Gebieten aufgehoben und die sozialen Eingliederungsmöglichkeiten verbessert wurden. Integrationsbedarf bestand nicht zuletzt auch im Bereich des sozialversicherungsrechtlichen Schutzes: Hier erhielten die Vertriebenen alle Rentenversicherungsbeiträge gutgeschrieben, die sie geleistet hätten, wenn sie ihr bisheriges Arbeitsleben nach bundesdeutschem Recht verbracht hätten — eine etwas komplizierte, aber für die Lebenslage der Betroffenen doch wichtige Sache, die sie vollständig und in diesem Fall tatsächlich ohne Rücksicht auf die Kosten mit der einheimischen Bevölkerung gleichstellte[37].

Insgesamt gesehen ist unstrittig, daß der Lastenausgleich zur „ausgebliebenen Radikalisierung“[38], d.h. zur sozialen Befriedung eines großen deklassierten und depossedierten Bevölkerungsteils in einem erheblichen Maße beigetragen hat[39]. Ebenso unstrittig ist aber dies: Die sozialpolitischen Programme auf Bundes-, Länder-, und Gemeindeebene konnten nur deshalb so schnell wirksam werden, weil „eine Reihe von anderen Faktoren den Integrationsprozeß ebenfalls begünstigte“[40]. Das war in erster Linie der rapide Wirtschaftsaufschwung, der eine relativ

---

[37] Detlev Zöllner, Sozialpolitik, in: Wolfgang Benz (Hrsg.), Die Bundesrepublik Deutschland. Geschichte in drei Bänden, Bd. 2, S. 301, 310 f.

[38] Helmut Grieser, Die ausgebliebene Radikalisierung. Zur Sozialgeschichte der Kieler Flüchtlingslager im Spannungsfeld von sozialdemokratischer Landespolitik und Stadtverwaltung 1945—1950, Wiesbaden 1980.

[39] Überzeugend, da jede Idyllisierung der in ganzen doch mit deutlichen Benachteiligungen und sozialen Opfern verbundenen Vertriebenen-Integration vermeidend, Peter Paul Nahm, Doch das Leben ging weiter. Skizzen zur Lage, Haltung und Leistung der Vertriebenen, Flüchtlinge und Eingesessene nach der Stunde Null, Köln — Berlin 1971.

[40] Kleßmann (Anm. 7), S. 242.

schnelle Eingliederung in den Erwerbsprozeß ermöglichte, wobei zu berücksichtigen ist, daß die im erwerbsfähigen Alter stehenden mittleren Jahrgänge unter den Vertriebenen anteilsmäßig stärker vertreten waren als unter der übrigen Bevölkerung[41]. Ebenso entscheidend war die Art und Weise, wie die Vertriebenen, aufs Ganze gesehen, diese Möglichkeit genutzt haben. Nämlich mit hoher Berufsmobilität, die oft schmerzliche Umstellungen abverlangte, mit ausgeprägter Leistungsorientierung, um nicht zu sagen Arbeitsfanatismus, mit Konzentration der Energien auf den wirtschaftlichen Aufstieg, verbunden mit eher konservativen Leitbildern in politischer und kultureller Hinsicht. Insofern haben die Vertriebenen das *juste milieu* der Ära Adenauer weit mehr mitgetragen und mitgeprägt als in Frage gestellt. Sie wurden nicht, wie anfangs so oft befürchtet, zu einer gesellschaftssprengenden Kraft, sondern im Gegenteil: mehr und mehr zum festen Wählerstamm der Regierung Adenauer[42].

Während nur als Fußnote auf Hilfs- und Entschädigungsprogramme für Evakuierte, Währungsreformgeschädigte und displaced persons hingewiesen sei[43], muß ausführlicher vom Wohnungsbau die Rede sein, der als flankierendes Programm für die Integration einzelner Geschädigtengruppen wichtig war und darüber hinaus ein Massenproblem des Nachkriegselends betraf.

Für den sozialen Frieden war es ganz elementar, daß die Menschen aus den Barackenlagern, Kellern und Untermietzimmern heraus konnten, wo sie unter den schäbigsten Bedingungen zusammengepfercht waren. Marktwirtschaftlich war das nicht zu schaffen. Der Markt hätte die Mieten entsprechend der Wohnungsknappheit in schwindelerregende Höhen getrieben. Tatsächlich sind die enormen Wohnungsbauerfolge der 1950er Jahre nicht in erster Linie marktwirtschaftlich bewirkt worden, sondern durch staatliche Förderungsprogramme.

Den Anfang machte ein vom Bundestag 1950 einstimmig verabschiedetetes Wohnungsbaugesetz. Dank massivem Einsatz öffentlicher Mittel hat dieses Gesetz bis 1956 zum Bau von 2 Millionen Sozialwohnungen geführt. Das geschah so, daß der Staat den Wohungsbaugesellschaften Zuschüsse und billige Darlehen gab, dafür aber Größe und Ausstattung der Wohungen, die Miethöhen und den jeweiligen Kreis der Bezugsberechtigten festlegte. Mit diesen Steuerungen erreichte der soziale Wohnungsbau, daß gerade einkommensschwache Schichten und die besonders integrationsbedürftigen Schichten wie Vertriebene und Kriegsopfer zu erschwinglichen Wohnungen kamen, die bestimmte, wenn auch sehr bescheidene Standards an Wohungsqualität erreichten.

---

[41] Bethlehem (Anm. 2), S. 35, Tabelle 6.

[42] Peter Waldmann, Die Eingliederung der ostdeutschen Vertriebenen in die westdeutsche Gesellschaft in: Josef Becker u.a. (Hrsg.), Vorgeschichte der Bundesrepublik Deutschland. Zwischen Kapitulation und Grundgesetz, München 1979, S. 163—192.

[43] Bundesevakuierungsgesetz vom 14. Juli 1953; Gesetz zur Milderung von Härten der Währungsreform (Altsparergesetz) vom 14. Juli 1953; Gesetz über die Rechtsstellung heimatloser Ausländer vom 25. April 1951; zur Integration der letztgenannten Personenkategorie vgl. auch Deutschland im Wiederaufbau. Tätigkeitsbericht der Bundesregierung für das Jahr 1955, o.O.o.J., S. 363 f.

5,7 Millionen Wohungen sind im Jahrzehnt von 1950 bis 1960 in der Bundesrepublik gebaut worden, davon 3,2 Millionen Sozialwohnungen für Personen und Familien mit geringem Einkommen[44]. Der breite Konsens, den die Regierung Adenauer Ende der 1950er Jahre innerhalb der Bevölkerung fand, dürfte ohne diese schnelle und für viele Menschen unmittelbar spürbare Entschärfung der Wohnungsnot gar nicht erklärbar sein. Erst wenn man dies hinreichend betont hat, sollte man auch auf bedenkliche Nebenwirkungen dieses Baubooms hinweisen, der z.B. kaum Rücksichten auf städtebauliche Gesichtspunkte genommen und die Vermögensverteilung zugunsten großer Baulöwen verzerrt hat.

Bisher war nur von jenem Bereich der Sozialpolitik die Rede, den wir der Nachgeschichte des Nationalsozialismus und des Krieges zurechnen können. In den 1950er Jahren zunächst vordringlich, verlor dieser Sozialpolitik-Bereich im Laufe der Jahrzehnte kontinuierlich an Gewicht. Immerhin gibt es aber auch heute in der Bundesrepublik noch mehr Empfänger von Kriegsopferversorgung als z.B. Studenten; und die Leistungen des Lastenausgleichs, die z.T. in Renten auf Lebenszeit bestehen, werden noch weit jenseits des Jahres 2000 führen. Auch in dieser Hinsicht bezahlen wir also noch Rechnungen für Hitlers Krieg.

Wenden wir uns jetzt dem zweiten, kontinuierlich an Gewicht zunehmenden Bereich der Sozialpolitik zu, der sozialen Sicherung für die sog. Standardrisiken des Lebens. Ermüdende Einzelheiten über Renten-, Kranken- und Unfallversicherung, Fürsorgegesetzgebung oder Familienlastenausgleich sollen hier beiseite bleiben. Was bis 1953 geschah, will ich ganz übergehen: Es war viel Improvisation und Flickwerk dabei, Notbehelf; Lästerer sprachen von Sozialrechtsdschungel und Rentenchaos. Interessanter ist nun folgendes[45]: Regierung und Opposition begannen 1952/53 über die Frage nachzudenken: Wie kann man das gesamte Sozialleistungsgefüge systematisieren, in eine Gesamtkonzeption bringen, wie kann sozusagen im sozialpolitischen Bauabschnitt des neuen Staates durchgreifend Klarheit, Ordnung und Effizienz geschaffen werden? Den Anfang machte die SPD, indem sie im Bundestagswahlkampf 1953 einige Stichworte für einen „sozialen Gesamtplan“ vorlegte. Sehr konkret war das noch nicht, aber offensichtlich ging es um den Import einiger Gedanken der britischen und schwedischen Wohlfahrtsstaatsplaner, z.B. allgemeine Staatsbürgergrundrente aus Steuermitteln.

Weniger bekannt ist, daß auch die regierungsinterne Arbeit 1953—55 auf die Entwicklung einer Gesamtkonzeption für eine Sozialleistungsreform zielte, auf die Erarbeitung eines Code social. Insbesondere Adenauer selbst drängte darauf. Er wünschte eine übersichtliche Kodifikation und Koordination des Sozialrechts — eine Art sozialpolitische Grundlegung des neuen Staates, komplementär zur

[44] Hans-Günter Pergande — Jürgen Pergande, Die Gesetzgebung auf dem Gebiete des Wohnungswesens und des Städtebaues, in: Deutsche Bau- und Bodenbank Aktiengesellschaft 1923—1973, Frankfurt 1973, S. 18—209, hier S. 187.

[45] Dazu Hockherts (Anm. 25), S. 216—425; Hentschel (Anm. 15), S. 159—176.

außenpolitischen Grundlegung, die in diesen Jahren abgeschlossen wurde. Dahinter stand letztlich der folgende Gedankengang: die Kriegsfolgengesetzgebung hatte die sozialstaatliche Intervention ruckartig gesteigert; 1952 gab es auf dem Gebiet der Bundesrepublik mehr Fälle laufender Renten- und Unterstützungszahlungen (14,8 Millionen) als während der Weltwirtschaftskrise im ganzen Deutschen Reich (1933: 12 Millionen); seit 1949 wandte die Bundesrepublik jährlich einen größeren Anteil des Volkseinkommens für soziale Leistungen auf als alle vergleichbaren Staaten[46]. Gleichwohl stand außer Frage, daß noch viele Defizite der sozialen Sicherung behoben werden müßten. Die Frage war nur: wo soll die Interventionsdynamik enden? Wieviele Bereiche des Lebens sollen verstaatlicht (im Sinne von verwohlfahrtsstaatlicht) werden? Wofür sollen kleinere Vergemeinschaftungen zuständig sein und wofür die einzelnen Bürger selbst? Es ging dem Kanzler letztlich um die Grenzziehung zwischen einem die westdeutsche Gesellschaft mit sozialpolitischen Integrationsklammern stabilisierenden „Sozialstaat", den er wollte, und einem Eigeninitiative und Privatautonomie lähmenden „Versorgungsstaat", den er nicht wollte. Wo da die Grenzlinien im einzelnen verlaufen, wußte er nicht. Es lag ihm auch fern, sich über so etwas schwindelig zu denken. Aber er wünschte und hoffte, daß die Kodifikatoren hier eine richtige Linienführung fänden.

Die Gesamtkonzeption-Planungen der Bundesregierung liefen sich jedoch fest. Das lag an Zielkonflikten innerhalb der Regierung, auch an Ressort-Rivalitäten, und das lag nicht zuletzt (so überraschend es vielleicht klingt) am Wirtschaftswachstum. Denn so lange die wirtschaftliche Decke noch dünn war, schien es sehr wichtig, die sozialen Leistungen durch Umschichtung und Koordination bedarfsgerecht zu verteilen und zu fixieren. Das Wirtschaftswachstum aber eröffnete immer neue Verteilungsspielräume. Man konnte deshalb — vor allem unter dem politischen Wettbewerbsdruck der Wahlkämpfe — hier und dort zulegen, ohne konzeptionelle Kohärenz und ohne Angriff auf Besitzstände. Sozialpolitik konnte zum „politisch billigen Nebenprodukt des Wirtschaftswachstums"[47] werden.

So stand dann am Ende der 2. Legislaturperiode, 1957, keine Gesamtkonzeption, sondern nur eine Teilreform, allerdings innerhalb ihrer Begrenzung eine grundlegende und epochemachende mit Wirkung bis zum heutigen Tag: die Einführung der dynamischen Rente.

Diese Rentenversicherungsreform hat zunächst einmal die Bezüge der damaligen Sozialrentner, das waren inzwischen 6 Millionen, kräftig angehoben, im Durchschnitt um 60%. Das war ein Stück nachholender Gerechtigkeit für eine Schicht, die bis dahin zu den Stiefkindern des Wirtschaftswunders gehört hatte. Darüber hinaus gewann die Adenauersche Rentenreform aber auch strukturelle Bedeutung,

---

[46] Vgl. die tabellarischen Übersichten in: Die öffentliche Fürsorge, hrsg. im Bundesministerium des Innern, Köln 1956, S. 3; International Labour Office (Hrsg.), The Cost of Social Security 1949—1957, Genf 1961, S. 205—210.

[47] Um eine in etwas anderem Zusammenhang benutzte Formulierung von Jens Alber, Vom Armenhaus zum Wohlfahrtsstaat, Frankfurt/New York 1982, s. 164, aufzugreifen.

also auf Dauer gestellte Tiefenwirkung, indem sie in das Altersrentensystem der Arbeitnehmer zwei neue Grundgedanken einbaute. Den einen nannte man etwas umständlich: Lohnersatzfunktion der Rente. Konkret: Wer aus dem Arbeitsleben ausscheidet und in Rente geht, soll künftig keinem krassen Einkommensabsturz mehr ausgesetzt sein. Die Rente soll den Arbeitslohn, den man im Erwerbsleben hatte, vielmehr in einer prozentualen Höhe ersetzen, die eine Kontinuität des erarbeiteten Lebensstandards wenigstens annähernd ermöglicht. Der andere Grundgedanke lag in der „Dynamisierung" der Renten. Das heißt: Es wurden Verfahren gefunden, die die Entwicklung der Renten (also der Einkommen der nicht mehr erwerbstätigen Generation) in ein paralleles Verhältnis setzen zur Entwicklung der Arbeitseinkommen der erwerbstätigen Generation. Das klingt sehr abstrakt, bedeutet aber konkret, daß die Generation, die im Erwerbsalter steht, eine Ausweitung von Konsumchancen nicht mehr für sich allein vereinnahmen kann, sondern die ältere Generation in einem Parallelitätsverhältnis beteiligen muß.

Die Rentenreform von 1957 war ein Versuch, den Zirkel von Alter und Armut grundsätzlich und auf Dauer zu durchbrechen. Das ist auch in einem erheblichen Maße gelungen. Gewiß hat die Adenauersche Rentenreform keineswegs alle Altersversorgungsdefizite behoben, insbesondere dieses nicht: Wer am Rande oder außerhalb des Erwebslebens stand oder steht (z.B. viele Frauen und Mütter), der sah und sieht sich nur spärlich in die Rentenversicherung einbezogen — mit der Folge, daß Armutsinseln heute in der Bundesrepublik vor allem bei älteren alleinstehenden Witwen zu finden sind[48]. Die Rentenversicherung war und ist vor allem auf die voll erwerbstätigen Arbeitnehmer zugeschnitten, und da allerdings hat die Reform von 1957 dem Alter den materiellen Schrecken genommen.

Dementsprechend groß war ihre Resonanz. „Bisher", so resümierte das Allensbacher Institut 1959, „ist kein Beispiel dafür bekannt, daß irgendein Gesetz, eine Institution, oder sogar Verfassung und Symbole des Staates auch nur annähernd so positive Resonanz gehabt haben wie die Rentenreform"[49]. Diese Reform, so kann man hinzufügen, wirkte sich nicht allein auf die Sozialrentner aus, sondern sie traf — indem sie den ökonomischen Aufschwung in die Phase des individuellen Lebensabends hinein zu verlängern und eine gerechtere Norm für die Verteilung des Sozialprodukts zwischen den Generationen zu verwirklichen suchte — auch eine Erwartungshaltung derer, die noch im Arbeitsleben standen.

In der Politik sozialer Sicherung war die Rentenreform zweifellos das herausragende Ergebnis der 1950er Jahre. Bemerkenswert sind jedoch zumindest noch drei weitere Entwicklungsschritte:

---

[48] Hans-Jürgen Krupp — Wolfgang Glatzer (Hrsg.), Umverteilung im Sozialstaat. Empirische Einkommensanalysen für die Bundesrepublik Deutschland, Frankfurt—New York 1978, S. 148.

[49] Auswirkungen der Rentenreform 1957—1958. Bericht über eine Trend-Erhebung. Kurzfassung in: Bundesarbeitsblatt 11 (1960) S. 66 f.

— der Beginn der Kindergeldgesetzgebung. Sie setzte 1954 ein und führte über einige Novellierungsetappen zu einer spürbaren Entlastung kinderreicher Familien[50];
— die Einkommenssicherung der Arbeiter im Krankheitsfall. Sie wurde 1957 für die ersten 6 Krankheitswochen auf 90% des Nettoarbeitsentgelts erhöht, 1961 auf 100%, also der Sozialrechtsposition der Angestellten angeglichen[51];
— die umfassende Neuordnung der traditionellen Armenfürsorge durch das Bundessozialhilfegesetz 1961. Dieses Gesetz stärkte Rechtsansprüche, hob die Grundsicherung über das physische Existenzminimum und erweiterte das Spektrum der Hilfe in besonderen Lebenslagen[52].

Der Bericht muß nun noch einmal kurz zur Situation um 1950 zurückkehren, wo wir die Frage nach der Integration der Gewerkschaftsbewegung in den neuen Staat als eine offene Frage zurückgelassen haben — etwas schematisch als dritten Teilaspekt der Gründungskrise, zunächst zentriert auf die Kampfarena *Mitbestimmung.*

Dieser Konflikt wurde zunächst einmal mit einem Gesetz entschärft, das man mit einigem Recht den „sozialen Gründungskompromiß der Bundesrepublik" genannt hat[53]. Gemeint ist das Montanmitbestimmungsgesetz von 1951. Es hat die gewerkschaftliche Mitbestimmungsforderung im Bereich des Bergbaus und der eisen- und stahlerzeugenden Industrie — damals Schlüsselsektoren der Volkswirtschaft — sehr weitgehend erfüllt. Neuere Quellenstudien haben bestätigt, daß dieser Gewerkschaftserfolg nicht allein auf Kampfentschlossenheit und Streikdrohung zurückzuführen ist, sondern ebenso auf das Interesse des Bundeskanzlers, sich in einer innen- und außenpolitisch labilen Lage der gewerkschaftlichen Unterstützung zu versichern. Insbesondere wollte Adenauer die Entstehung eines sozialdemokratisch-gewerkschaftlichen Oppositionsblocks gegen Westintegration und Wiederbewaffnung der Bundesrepublik verhindern. Das ist auch in erheblichem Maße gelungen. Am deutlichsten läßt sich ein Junktim gegenseitiger Absprache nachweisen zwischen Adenauers Einsatz für die Montanmitbestimmung und dem gewerkschaftlichen Ja (bei sozialdemokratischem Nein) zu Schuman-Plan und Montan-Union, also zur Grundlegung der westeuropäischen Wirtschaftsintegration[54].

Die Stoßrichtung des DGB zielte auf Verallgemeinerung des im Montanbereich durchgesetzten paritätischen Mitbestimmungsmodells. Der — die wirtschaftliche Verfügungsmacht der Eigentümerseite ernstlich beschneidende — Paritätsgrund-

[50] Vgl. einstweilen Preller (Anm. 11), S. 628—634.

[51] Ebenda. S. 371—378.

[52] Willy Könen, Der Weg zur Sozialhilfe, in: Bartholomäi (Anm. 2), S. 401—412; Rolf Landwehr — Rüdeger Baron (Hrsg.), Geschichte der Sozialarbeit. Hauptlinien ihrer Entwicklung im 19. und 20. Jahrhundert, Weinheim — Basel 1983.

[53] Niethammer (Anm. 1), S. 233.

[54] Gabriele Müller-List (Bearb.), Montanmitbestimmung. Das Gesetz über die Mitbestimmung der Arbeitnehmer in den Aufsichtsräten und Vorständen der Unternehmen des Bergbaus und der Eisen und Stahl erzeugenden Industrie vom 21. Mai 1951, Düsseldorf 1984.

satz konnte hingegen weder im Betriebsverfassungsgesetz 1952 durchgesetzt, noch zur Grundlage einer regionalen und überregionalen Wirtschaftskammerverfassung gemacht werden. Die Enttäuschung darüber hat die gewerkschaftlichen Energien dann jedoch nicht in eine Fundamentalopposition getrieben, sondern nach heftigen internen Kämpfen zu einer neuen Konstellation geführt, die man „Wachstumspakt“[55] nennen kann: zur sozialpartnerschaftlichen Unterstützung eines für beide Seiten — Kapitaleigner und Arbeitnehmer — nützlichen schnellen Wirtschaftswachstums.

Das bot wachsende Spielräume für erhebliche, meist kampflos auf dem Verhandlungswege erreichte Gewerkschaftserfolge auf dem Gebiet der Lohnzuwächse, der Arbeitszeitverkürzung und der sozialen Sicherung. Das beschleunigte zugleich, und zwar im Einklang mit schwindender Resonanz sozialistischer Gegenentwürfe in den eigenen Mitgliederreihen, einen Prozeß programmatischer Umorientierung: 1963 nahm der DGB den Sprengstoff gesellschaftlicher Gegenentwürfe aus seinem Grundsatzprogramm heraus; und er richtete sich auf ein kooperatives Modell des gesellschaftlichen Interessenausgleichs ein.

III.

Diese Wende zu einem kooperativen Stil der Interessenpolitik führt nun zur ersten von drei Schlußbemerkungen.

Im Verlaufe der fünfziger Jahre ist — dies muß als erstes hervorgehoben werden — eine erstaunlich schnelle Entschärfung von gesellschaftlichen Konflikten zu beobachten und eine dementsprechend schnelle Verbreitung von Konsens innerhalb der westdeutschen Bevölkerung. Symptomatisch drückt sich dies in einer auffälligen Konzentration und Integrationsstärke des Parteiensystems aus: Drei Bundestagsfraktionen repräsentierten 1961 94,3% aller Wähler, wobei auch die große Oppositionspartei es nicht mehr für wählerwirksam und ratsam hielt, im Hinblick auf Wirtschafts- und Gesellschaftsordnung oder im Hinblick auf die politische, ökonomische und militärische Westintegration der Bundesrepublik grundsätzliche Alternativen anzubieten.

Welten lagen zwischen dem Zustand um 1960 und dem, was die Alliierten bei Kriegsende 1945 erwartet hatten: nämlich braune Guerillas und aggressiv nationalistische Irredenta. Aber auch zu dem, was eingangs die Gründungskrise genannt wurde, war der Entwicklungsabstand groß. Um es zugespitzt zu sagen: Die Gründungskrise hatte sich binnen eines Jahrzehnts in eine Hülle der Zufriedenheit[56] und

[55] Niethammer (Anm. 1), S. 232.

[56] Mit negativem Wertakzent sprach Walter Dirks 1962 von einer „Dunsthülle der Zufriedenheit mit dem Zustand, wie er ist“. Vgl. Josef Mooser, Abschied von der „Proletarität“. Sozialstruktur und Lage der Arbeiterschaft in der Bundesrepublik in historischer Perspektive, in: Conze-Lepsius (Anm. 13), S. 143.

Sekurität gewandelt. Oder etwas weniger zugespitzt: Die Konfliktlagen in der Gesellschaft waren nicht schlechterdings aufgehoben, aber sie hatten ihre dramatischen Akzente verloren.

Zweifellos liegt — wie zweitens hervorzuheben ist — der Hauptschlüssel für die Erklärung dieses Vorgangs in dem beispiellosen Wirtschaftswachstum und der rapiden ökonomisch-technischen Modernisierung[57]. Erstmals in der deutschen Geschichte setzte so etwas wie eine Demokratisierung der Konsumchancen ein — mit alltagsverändernder und in der Orientierung auf Leistung und Konsum konsensstiftender Wirkung. Es genügen Stichworte wie Zuwächse an Realeinkommen und Freizeit, Technisierung der Haushalte, Beginn des Autobooms und des Fernsehzeitalters.

Zweifellos hat das stürmische Wirtschaftswachstum sozusagen unterhalb der sozialpolitischen Eingreifschwelle viel dazu beigetragen, daß der soziale Sprengstoff der Gründungskrise so erstaunlich schnell entschärft werden konnte. Es absorbierte die Massenarbeitslosigkeit, es führte auf tarifvertraglichem Wege zum Anstieg des Lohnniveaus und es vergrößerte die sozialpolitischen Verteilungsspielräume, um nur die wichtigsten Prosperitätswirkungen zu nennen.

Wirtschaftswachstum als eine der großen Integrationsformeln der Republik: Das ist bekannt und wird oft betont. Aber dabei bleibt im Schatten, was die dritte Schlußbemerkung etwas aus dem Schatten herausholen möchte: Das Klettern der Produktionsziffern und die tarifvertragliche Verteilung der Arbeitsverdienste war für einen großen Teil der Massennotstände und sozialen Spannungen der fünfziger Jahre zunächst einmal ganz bedeutungslos. Denn ein Großteil dieser Nöte und Spannungen wurde vom Zuteilungsmechanismus des Marktes und der Tarifverträge gar nicht erfaßt oder nur negativ in Form der Ausschließung.

Hier liegt nun eine spezifische Bedeutung der Sozialpolitik für die Integration der westdeutschen Nachkriegsgesellschaft. Die Sozialpolitik bot, wie wir gesehen haben, Integrationshilfen für die verschiedenen Gruppen der durch Krieg und Kriegsfolgen Benachteiligten. Sie verminderte Spannungen zwischen Vertriebenenminorität und eingesessener Majorität. Sie lenkte die Erreichbarkeit von Wohnraum einigermaßen nach den Bedarfsströmen. Sie entlastete die Nachkriegsgesellschaft von der herkömmlich krassen Verteilungsdisparität zwischen den Generationen. Sie schwächte traditionelle Merkmale der Proletarität ab, insbesondere die Einkommensunsicherheit bei Krankheit und im Alter. Denn sie erhöhte und verstetigte den Lohnersatz in diesen Lebenslagen. Sie beseitigte in einem erheblichen Maße die gesellschaftliche Bruchlinie zwischen Arbeitern und Angestellten, indem sie herkömmlich weit auseinanderliegende Sozialrechtspositionen dieser Arbeitnehmerkategorien vereinheitlichte.

---

[57] Hans-Peter Schwarz, Modernisierung oder Restauration? Einige Vorfragen zur künftigen Sozialgeschichtsforschung über die Ära Adenauer, in: Kurt Düwell — Wolfgang Köllman (Hrsg.), Rheinland-Westfalen im Industriezeitalter, Bd. 3, Wuppertal 1984, S. 278—293.

Natürlich könnte man auch eine sozialpolitische Defizitbilanz aufmachen. Auch da würde man fündig werden[58]. Aber am Ende wäre in jedem Fall zumindest dies unstrittig: Die Sozialpolitik der Ära Adenauer hat „keine Verfestigung kompakter Gruppen von ausgesprochen Notleidenden zugelassen“[59].

Auch deshalb war Ende der fünfziger Jahre keine in Elementen der Gründungskrise wurzelnde Protestbewegung mit Tiefenwirkung mehr in Sicht. Als eine solche Bewegung Mitte der sechziger Jahre entstand, geschah dies in einer grundlegend veränderten Konstellation: Sie war getragen von Teilen einer Generation, die die Sekurität voraussetzte, um deren Herstellung es der Sozialpolitik in den fünfziger Jahren gegangen war, die dank Wohlstandstransfer aus den produktiven Sektoren der Volkswirtschaft vom Zwang zu mühseliger Alltagsbewältigung freigesetzt war und deshalb abkömmlich für die Suche nach neuen soziokulturellen Normen.

---

[58] Vgl. z.B. Erich Standfest, Sozialpolitik als Reformpolitik. Aspekte der sozialpolitischen Entwicklung in der Bundesrepublik Deutschland, Köln 1979, S. 47 ff.

[59] Richard Löwenthal, Dauer und Verwaltung, in: ders. — Hans-Peter Schwarz (Hrsg.), Die zweite Republik. 25 Jahre Bundesrepublik Deutschland — eine Bilanz, Stuttgart 1974, S. 12 f.

WILHELM TREUE

VON DER DEMONTAGE ZUM WIRTSCHAFTSWUNDER

Wann die Demontage begann und aufhörte, ist sehr viel leichter festzustellen als Anfang und Ende des westdeutschen „Wirtschaftswunders“, eines Begriffs, eines Wortes, die inzwischen weltweit benutzt werden. Das bitte ich freundlichst zu berücksichtigen, wenn ich meine Ausführungen mit präzisen Angaben beginne und ein wenig vage beschließe.

Die Demontage begann dreimal, und sie wurde vierfach durchgeführt. Sie begann einmal im Jahre 1943 mit Überlegungen, welche in den Morgenthau-Plan eingingen. Der amerikanische Finanzminister Henry Morgenthau Jr. arbeitete ihn für Roosevelt als Grundlage für dessen Gespräche mit Churchill bei der zweiten Konferenz von Quebec aus, die vom 11. bis zum 19. September 1944 stattfand. Der Plan trug die Überschrift „Program to prevent Germany from starting a World War III“ und sah neben einer Dezentralisierung der Verwaltung eine Reduzierung der deutschen Wirtschaftskraft auf das Niveau eines Agrarstaates vor. Von da ab stand fest, daß demontiert werden würde.

Zweitens wurde mit der Demontage jeweils begonnen, wenn die Truppen der Siegermächte bei ihrem Vorrücken Industrieeinrichtungen fanden, die sie nicht an Ort und Stelle, wohl aber in ihrem eigenen Hinterland brauchen konnten. So demontierten zum Beispiel die Russen in den ersten Maitagen in Berlin-Tempelhof bei Ullstein Maschinen, die den „Völkischen Beobachter“ gedruckt hatten. Sein äußeres Format war kurioserweise das gleiche gewesen wie das der sowjetischen Parteipresse.

Bei der Potsdamer Konferenz vom 17. Juli bis zum 2. August 1945 wurde festgelegt, daß die Demontage der für die Reparationen bestimmten Industrieanlagen innerhalb von zwei Jahren abgeschlossen sein sollte. Und schließlich begannen die vier Besatzungsmächte unabhängig voneinander eine mehr oder weniger systematische Demontage unter recht verschiedenen Gesichtspunkten: um Rußlands Industrie und Eisenbahn wieder aufzubauen bzw. zu modernisieren, um in der französischen Zone die Deutschen möglichst hart zu bestrafen, um in der amerikanischen Zone die den Bundesgenossen gegenüber übernommenen Verpflichtungen zu erfüllen und — etwa bei der Chemie — um den Anregungen kommunistischer Berater gegen die Großunternehmen zu entsprechen, schließlich um in der englischen Zone Kriegspotentiale zu zerstören, den Sozialismus zu fördern und Konkurrenzbetriebe zu vernichten. Man entwickelte und veröffentlichte Pläne zu einem *level of industry*, die aber geändert und nicht eingehalten wurden. Gustav Stolper hat die Väter dieser Pläne eine 1500 Mann starke „Horde von Statistikern ohne gemeinsame Vorstellungen, aber mit dem anspruchsvollsten Gehabe und mit den gelehrtesten Terminologien“ genannt.

Im November 1946 meinte Adenauer, wenn „die jetzt angeordneten Stillegungen“ durchgeführt würden, dann käme es zu einer „dauernden Verelendung des deutschen Volkes“, zum „allmählichen Tod eines nicht abzuschätzenden Teiles der Bevölkerung, zu Arbeitslosigkeit, Demoralisierung usw.“ Im Dezember 1946 glaubte er, die Demontage lebenswichtiger Betriebe sei „anscheinend bis zum Frühjahr eingestellt“. Tatsächlich begann die wirklich planmäßige Demontage in der britischen Zone überhaupt erst im Juni 1947 — und zwar bei Krupp. Bis zum 16. Oktober 1947 wuchs die Demontageliste allein der Engländer auf mehr als 300 Werke, von denen 294 in Nordrhein-Westfalen lagen. Aber schon wenige Wochen später wurde der mäßigende Einfluß der USA bemerkbar: Im Frühjahr 1948 kam die britische Demontage fast zum Stillstand! Doch hier und da demontierten die Engländer und Franzosen bis 1951, obwohl schon längst nicht mehr zu übersehen war, daß man damit den Aufbau einer technologisch hochmodernen deutschen Industrie mit Marshall-Hilfe geradezu förderte. Bis 1953 wurde für 66 Milliarden Reichsmark in der Ostzone, für 4 Milliarden in den Westzonen demontiert. Doch können diese Zahlen nur Relationen, nicht wirkliche Geldwerte angeben. Und während die Sieger demontierten, Arbeitsplätze vernichteten, dadurch politische Unruhe stifteten, Parteien, Gewerkschaften sowie die Kirchen zu gemeinschaftlichen Protestaktionen veranlaßten, knüpften westdeutsche Unternehmer bereits Verbindungen zur amerikanischen Industrie an, legte England selber Wert auf die Verringerung der Besatzungskosten durch deutsche Exporterlöse.

Ich habe Ihnen an diesem einen wichtigen Punkt zu Beginn meines Referates die Komplexität meines Themas andeuten wollen. Demontage war ein neutrales Synonym für Vernichtung, Tod und Ende. Es bildete auch die Bezeichnung für tausend ganz verschiedene individuelle Vorgänge, und es ist für viele Menschen, die damals und später geboren wurden, ein banales, unanschauliches Wort in unserer Alltags-Umgangssprache geworden.

Zur Demontage gehörten logischerweise die Entflechtung und die Dekartellisierung. Denn was aus den verschiedensten Ursachen nicht gesprengt oder sonstwie zerstört wurde, das sollte nun entflochten und auseinandergerissen werden. In kürzester Zeit, so entschied man in Potsdam in Anlehnung an Morgenthaus Formulierungen, sollte dies geschehen mit dem Ziel der Vernichtung der bestehenden „übermäßigen Konzentration der Wirtschaftskraft, dargestellt im besonderen durch Kartelle, Trusts und anderen Monopolvereinigungen.“ Noch als am 1. Juli 1948 der französische General Koenig den Ministerpräsidenten der inzwischen geschaffenen westdeutschen Länder im sogenannten Dokument III die Grundzüge des Besatzungsstatuts vorlegte, gehörte in diesem zu den vorbehaltenen Zuständigkeiten der Allierten neben der Kontrolle der naturwissenschaftlich-technischen Forschung und der Entmilitarisierung auch die der Entflechtung. Sie war sogar noch im Generalvertrag oder Deutschlandvertrag vom 26. Mai 1952 enthalten und führte zur Beschlagnahme und Auflösung z.B. des IG-Farbenkonzerns, der den Amerikanern mit ihrer Antitrust-Ideologie, der Krupp-Werke, des Thyssen-Konzerns und zahlreichen anderer Industrie- und Bergwerkkomplexe, die den Engländern ein Dorn im Auge waren, sowie zur Zerlegung der Großbanken, der Deutschen Bank zum Beispiel in zehn kaum lebensfähige Regionalbanken.

Ich müßte nun ähnlich eingehend die Bodenreform in Westdeutschland darstellen, die gleichfalls in den Zonen nach verschiedenen Gesichtspunkten, etwa der Bestrafung der Großgrundbesitzer, des angeblich preußisch-reaktionären Adels oder der sozialpolitisch begründeten Versorgung von Landarbeitern, Kleinbauern, Flüchtlingen und Vertriebenen mit lebensfähigen Bauernhöfen unterschiedlich streng durchgeführt, verzögert und im Laufe der Zeit wieder rückgängig gemacht worden ist — ähnlich wie bei Bergbau und Industrie der Entflechtung eine Re- und Neuverflechtung gefolgt ist, was die soziale Marktwirtschaft belastete.

In der sowjetischen Besatzungszone führte die Bodenreform, ausgehend vom Schlagwort „Junkerland in Bauernhand", über die gleiche Kette betrügerischer Schritte zur Verstaatlichung wie in der Sowjetunion. Schließlich brachten ja die KP-Emigranten, wie Pieck betonte, aus Moskau ein fertiges Programm dafür mit. In den westlichen Zonen dagegen nahm die Bodenreform einen anderen, weder von Siegern noch von Besiegten erwarteten Verlauf. In der amerikanischen Zone wurde zwar, der Direktive JCS 1067 folgend, die der Morgenthau-Ideologie in diplomatischen Formen entsprach, eine Bodenreform eingeleitet, doch geriet dabei General Clay in ein Dilemma. Er wollte zwar den Russen seinen demokratischen Reformeifer demonstrieren, andererseits aber lag ihm mindestens ebensoviel an der Selbstversorgung der Westzonen. Dieser Gesichtspunkt und die Verzögerungstaktik der deutschen Landesregierungen führten dazu, daß statt der vorgesehenen 290 000 ha nur 25 000 ha zur Aufteilung kamen, während in der französischen Zone aus dem gleichen Grunde praktisch überhaupt nichts umverteilt wurde. In der britischen Zone schließlich stand soviel Boden aus öffentlichem Besitz zur Verfügung, daß man mit ihm den nach Währungsreform und Beginn des industriewirtschaftlichen Aufschwungs schnell abnehmenden Siedlungswünschen der Flüchtlinge und Vertriebenen in diesem Raum entsprechen konnte. Schnell erwies sich, daß zu jener Zeit nur noch große vollbäuerliche Betriebseinheiten wirklich lebensfähig waren.

Auch auf die Zerschlagung des Restes der deutschen Handelsmarine ist hinzuweisen, die im zweiten Geheimabkommen von Yalta im Februar 1945 begann, das erst im März 1947 in Moskau und Washington veröffentlicht wurde, als längst alles vorüber war, während die systematische Industrie-Demontage gerade erst einsetzte. In Potsdam wurde bestimmt, daß Rußland und die USA je ein Drittel der deutschen Handelsmarine erhalten und 200 000 BRT dem Deutschen Reich überlassen bleiben sollten. Aber als am 15. Mai 1951 die Verteilung der in westdeutschen Häfen vorgefundenen Schiffe abgeschlossen war, hatte von den 770 000 vorgefundenen BRT England genau 50 Prozent erhalten; dann folgten Norwegen, die

Niederlande, Griechenland und Jugoslawien. Doch muß man dabei bedenken, daß den 770 000 verteilten BRT 23,6 Millionen BRT Kriegsverluste der Alliierten gegenüberstanden, so daß z.B. England nur 3 Prozent seiner Verluste durch deutsche Tonnagen ersetzt erhielt.

Für Westdeutschlands Flotte bedeutete dies allerdings das Ende — das Ende auch der Aussicht auf Teilnahme an der wieder einsetzenden internationalen Schiffahrt. Übrig blieben ein paar Schiffe, die weniger Tonnage hatten als die Handelsflotte von 1871: nämlich 132 Schiffe mit 80 000 BRT, also einer Durchschnittstonnage vom 600 BRT und einem Durchschnittsalter von mehr als 40 Jahren. Im Jahre 1939 waren es 4 Millionen BRT gewesen, also fünfzig mal soviel. Infolgedessen begann man denn auch — ganz wie anläßlich der Industriedemontage — bereits 1946 mit Neubauplänen. Vom dritten Hoover-Bericht im Frühjahr 1947 ausgehend überlegte man sogar in den USA, ob man Westdeutschland 75 im Kriege erbaute Einheiten der Liberty-Klasse leihen sollte. Doch erst im September 1950 beschloß die New Yorker Außenminister-Konferenz, den deutschen Werften den Bau von Schiffen auf ausländische Rechnung freizugeben. Erst ab April 1951 bestand die Möglichkeit, die eigene deutsche Handelsflotte zu vergrößern, zu verjüngen und zu modernisieren durch Kauf und Neubau mit Hilfe des Marshall-Planes.

Das war die Demontage — eine Demontage, die im Sinne von Morgenthau nicht allein ein Abbau, eine Zerstörung, eine Vernichtung von wirtschaftlichen Kapazitäten sein sollte, sondern auch eine solche von geistigen und kulturellen. Man strebte ganz bewußt die Dezimierung eines ganzen Volkes an, das man aus der Gruppe der Industriegroßmächte verstoßen wollte, nachdem es sich selber aus dem Kreis der Kulturvölker ausgeschlossen hatte.

Meine Betrachtung gilt hier zwar nur der wirtschaftlichen Seite der Demontage. Aber es wäre ganz falsch, wenn man die moralische nicht erwähnen würde, die zu den Nürnberger Prozessen, zur Entnazifizierung, zur Umerziehung, zur mehrjährigen Ächtung der Deutschen in denjenigen Ländern führte, welche durch sie gelitten und an beschönigend „Emigranten" genannten Flüchtlingen beobachtet hatten, was im Dritten Reich geschehen war. Auch das gehörte dazu: die selbstverschuldete Demontage von Ansehen und Achtung, von abendländischer Verbundenheit, die Deutschland bis 1914 und ein paar Jahre lang in der Weimarer Republik genossen hatte.

Ich bleibe also bei der Betrachtung der wirtschaftlichen Ereignisse. Und da besteht nun zwischen dieser Demontage im weitesten Sinne und dem Wirtschaftswunder ein Komplex mit einem sehr großen eigenen Gewicht: Das war der Steinkohlenbergbau, und zwar der Menge und Qualität nach insbesondere der im Ruhrgebiet.

Ich werde auf die Bedeutung dieses Reviers für die westdeutsche Staatsbildung noch eingehen müssen. Doch am Anfang ging es ja nicht um die Zerschlagung des Deutschen Reiches und seine vertikale oder, Churchills Vorschlag entsprechend, horizontale Aufteilung, sondern einerseits um die wirtschaftliche Demontage und andererseits um die Versorgung Kontinentaleuropas mit Ruhrkohle — mit soviel Ruhrkohle, wie die westeuropäischen Staaten brauchten, aber nicht mit soviel Ruhrkohle, daß daraus der englischen Kohle eine Konkurrenz erwuchs. Immerhin ging es um soviel Ruhrkohle zu sehr niedrigen Exportpreisen, daß Westdeutschland selber Millionen Tonnen billig geförderter und nicht allzu teuer transportierter amerikanischer Kohle zu hohen Preisen importieren mußte. Auch diese Konstruktion, die bis zum Ende der fünfziger Jahre, also ein gutes Jahrzehnt, aufrechterhalten blieb und dann von der Bundesrepublik teuer abgelöst werden mußte, gehörte zum System der Bestrafung — nur paradoxerweise Bestrafung nicht durch Demontage, sondern durch Leistungssteigerung.

Damit hing es zusammen, daß die von der englischen Labour-Regierung vorgesehene Sozialisierung an der Ruhr sehr bald vergessen war. Frankreich wollte das Ruhrgebiet übernehmen, die USA waren gegen Verstaatlichung, und die nach Amerika geflohenen deutschen Interessenten an Bergbau und Industrie, die auf die Restituierung ihrer Vermögen und Rechte drängten, bestärkten sie in dieser Haltung mit einer sehr aktiven Lobby. In England selbst stellte man schließlich fest, daß Systemveränderungen Zeit und Kraft kosten, Ärger mit den Verbündeten verursachen und die Produktivität an der Ruhr beeinträchtigen würden. Auch wollte die englische Besatzungsmacht aus finanziellen Gründen ihre zwei Millionen Kriegsgefangenen loswerden, die ab Mai 1945 in Norddeutschland versorgt werden mußten. Schon drei Monate später waren es nach der „Operation Barleycorn“ für Landarbeiter und der „Operation Coalshuttle“ für Bergleute nur noch halb so viele. Bergleute erhielten Schwerstarbeiter-Lebensmittelkarten und Sonderzuteilungen. Die North German Coal Control, die in der Villa Hügel in Essen residierte, sorgte dafür, daß die Zechen die für die Förderung nötigen Materialien sowie zinslose Darlehen bekamen. Beim Grubenholz dagegen ergab sich für sie ein Interessenkonflikt. Zwar ließ die Militärregierung 1946/47 ihre eigenen britischen Soldaten in der „Operation Woodpecker“ 280000 t Holz einschlagen, aber die mußte sie dann hautpsächlich der Bauindustrie in der Heimat abtreten. Grubenholz blieb also in Westdeutschland knapp und teuer. Trotzdem war die Förderung 1947 schon wieder halb so groß wie 1938, stiegen die Schichtleistungen. Nach der Gründung der Kreditanstalt für Wiederaufbau im November 1948 durch eine Lex Abs stellte ein „Sofortprogramm“ am 28. Januar und 30. März 1949 dem Bergbau 225 Millionen DM zur Verfügung. Bis 1952 erhielt er aus dem Marshall-Plan sogar eine Milliarde DM, von der 900 Mio. ins Ruhrgebiet flossen. Daher lag denn auch die Steinkohlenförderung 1949-1952, also in der Laufzeit des Marshall-Planes, über der allgemeinen Produktionsentwicklung: Sie stieg von 103 auf 123 Mio. t, der Export relativ noch stärker. Allerdings sprangen in diesen Jahren die Preise für Ersatzteile und Materialien auf das Doppelte und Dreifache.

In dieser Zeit befand man sich politisch bereits in einer ganz neuen Phase der Entwicklung. Denn während in Westdeutschland demontiert wurde, ja eigentlich bereits vor dem Anfang der Demontage in allen Bereichen, hatte mit der Entstehung einer schweren Last, die zunächst unerträglich zu werden drohte, der wichtigste Ausgangspunkt für einen Aufstieg sich zu bilden begonnen. Ich meine das Problem der Flüchtlinge und Vertriebenen, der heimkehrenden Evakuierten, der entlassenen Soldaten und Kriegsgefangenen. Die Masse der arbeits- und aufstiegswilligen Flüchtlinge und Vertriebenen — von 1944/45 bis zum Mauerbau im Jahre 1961 gelangten etwa 10 Millionen Deutsche über die Grenze zwischen Ost und West in die westlichen Besatzungszonen bzw. in die Bundesrepublik, während nur etwa 4 Mio. Deutsche aus dem Gebiet östlich der Neiße in die DDR zogen — wandte sich unmittelbar oder nach kurzer, häufig enttäuschender Unterkunft auf dem Lande nicht der Agrarwirtschaft sondern dem aussrichtsreicheren Wiederaufbau der Industrie in den Städten zu. Allerdings wurden viele von diesen „Einwanderern" zunächst einmal jahrelang Binnenwanderer, indem sie Verwandte oder das ihnen vertraute landsmännische Milieu suchten. Menschen, die bisher weit auseinander gewohnt, in bezug auf Beruf, Religion, Bildung und Neigung gleichsam in verschiedenen Welten gelebt, die wohl die gleiche Hochsprache gelernt hatten, aber einander fast unverständliche Dialekte derselben benutzten, mußten plötzlich im gleichen Dorf, im gleichen Haus leben, zur gleichen Schule und Kirche gehen, in fremden Behörden oft unverständliche Fragen beantworten, neue Milieus ertragen und akzeptieren. Zwar dauerte es schließlich eine Generation, bis diese „Einwanderer" auch in Westdeutschland heimisch, d.h. bewußt und aktiv Mitbürger in der Bundesrepublik Deutschland wurden — aber sie waren zunächst vom Augenblick des häufig gefährlichen Überschreitens der Zonengrenze an fast ohne Habe und mußten untergebracht, ernährt, ärztlich versorgt und in die Gemeinden eingegliedert werden. Sie waren anfangs praktisch nutzlose Millionen, welche die öffentliche Hand zusätzlich belasteten. Die von ihnen neben den Zerstörungen durch Bomben, Artillerie und Demontage sowie von Kapitalmangel und Konsumschwäche nach der Währungsreform verursachte Arbeitslosigkeit hat zunächst einmal die Existenz Westdeutschlands außerordentlich erschwert und noch in den ersten Jahren der Bundesrepublik heftige Angriffe der Opposition auf die Wirtschafts- und Sozialpolitik der CDU/CSU mitverursacht. Die Arbeitslosenzahl erreichte bald nach der Gründung der Bundesrepublik 8,8 Prozent, 1950 10,3 Prozent und sank dann unter sich stark verändernden sozialen Verhältnissen sehr langsam im Laufe eines vollen Jahrzehnts auf 2 Prozent, während allerdings 1947 weitere 900 000, 1948 850 000, 1949 450 000, 1950 400 000 Menschen zuströmten. Man muß die bis 1949 wachsende Arbeitslosigkeit auch in Relation zur Zahl der Beschäftigten beurteilen:

Im Augenblick der Währungsreform erst bei 14,2 Millionen Personen, lag sie bereits zwei Jahre später 1,5 Millionen höher; je 750 000 Arbeitsplätze waren also neu geschaffen worden. In diesem Zeitraum vollzog sich der Übergang von der Demontage zum Wirtschaftswunder bei den Menschen, die als Eingesessene oder als Zugezogene in Westdeutschland Arbeit suchten und fanden oder zugeteilt bekamen.

Ich will dieses Geschehen gewiß nicht idealisieren oder dramatisieren. In dieser Zeit und noch lange Jahre danach konnten die Menschen allein oder mit ihrer Familie auch bei bescheidensten Bedürfnissen oft nur sehr elend vegetieren, wenn sie nicht arbeiteten und Geld verdienten. Sie mußten also arbeiten. Aber die weitaus meisten arbeitsfähigen Flüchtlinge, Vertriebenen und Heimkehrer wollten auch mit aller Gewalt arbeiten, Überstunden machen, an Sonn- und Feiertagen tätig sein — ebenso wie viele Einheimische —, um wieder zu einer Wohnung, zu Möbeln und Kleidung, zu einer menschenwürdigen Existenz zu gelangen.

Diese Mischung von Notwendigkeit, Fleiß und Wiederaufbauwillen wurde zur wichtigsten Komponente des Wirtschaftswunders. Deswegen konnte es auch sowohl in der sowjetischen Besatzungszone wie in den anderen westeuropäischen Ländern ein solches Wirtschaftswunder gar nicht oder nur in sehr viel geringerem Ausmaße geben: In der Sowjetzone fehlte weitgehend die Möglichkeit und die Erlaubnis zur individuellen Initiative mit dem Ergebnis eines privaten Vorteils; und in Westeuropa mangelte es an der Flüchtlingsmentalität. Welche Bedeutung diese für den Einzelnen und die Gemeinschaft hat, kannten wir bis 1945 aus der Geschichte der überseeischen Einwanderungsländer sowie aus der einstigen Erfahrung mit Hugenotten und Salzburger Protestanten — nun erlebte man es im westdeutschen Alltag. Und es wanderten ja nicht einfach Menschen ein, sondern mit ihnen wertvolles Können, das Know how von Spezialisten, es kam das internationale Ansehen großer und kleiner Betriebe des Maschinen- und Autobaus, anderer Industrien und des Bergbaus hinzu; es kamen auch Porzellaner, Glasbläser, Drucker usw., deren Produkte aus früheren Zeiten bekannt und nun erst recht geschätzt waren.

Wirklich in Gang kam dies alles allerdings erst, nachdem einige Vorbedingungen wirtschaftlicher und gesellschaftlicher Art erfüllt waren.

Zuerst mußte die Infrastruktur für eine entnazifierte und umerzogene, das heißt demokratisierte Gesellschaft geschaffen werden. Sie bestand aus Parteien und Gewerkschaften und, da die in Potsdam beschlossenen, zentralen deutschen Verwaltungsorgane nicht eingerichtet wurden, aus Ländern innerhalb der Zonen. Bereits am 1. Januar 1947 wurden mit dem Ziel der wirtschaftlichen, nicht der politischen Selbständigkeit die amerikanische und die britische Besatzungszone zur Bi-Zone zusammengefaßt, nachdem schon im September 1946 fünf deutsche Auftrags-Verwaltungsräte, unter ihnen ein Wirtschaftsrat, geschaffen worden waren.

Damit bin ich an einer historisch wichtigen Stelle meiner Ausführungen angelangt, beim politischen Schicksal des Industriegebietes an Rhein und Ruhr, der „Waffenschmiede des Reiches" seit 75 Jahren. Die Entscheidung über diese Region bildete einen wesentlichen Teil der Entscheidung über den Aufbau der west- und mitteleuropäischen Wirtschaft insgesamt und damit auch über die politische Nachkriegsordnung in diesem Raum. Im Ruhrgebiet befanden sich nach den Gebietsabtretungen im Osten und ohne das Saarland 90 Prozent der Steinkohle in Deutschland, 72 Prozent des Gußeisens, 74 Prozent des Stahls und 69 Prozent der Walzwerkerzeugnisse. Rolf Steininger hat jüngst im Public Record Office in London an überaus interessantem Material studiert, wie die Komplexität der Rhein-Ruhr-Frage bei den späteren Siegern, besonders den Engländern und Franzosen, bereits seit Quebec im September 1944 zu einer intensiven Diskussion dieses Verbundes von territorialen, politischen und wirtschaftlichen Fragen geführt hat, die besonders in Frankreich im Zeichen hoher Ansprüche stand. Bei der Auseinandersetzung über die Rhein-Ruhr-Frage, die also bis zum Herbst 1947 in der Schwebe war und dann durch den Marshall-Plan abrupt erledigt wurde, ging es in Frankreich und England um Sicherheit gegenüber Deutschland. Aber Frankreich wollte zu deren Erlangung mit Hilfe der Sowjetunion das Ruhrgebiet an sich ziehen, die englische Labour-Regierung dagegen, die schnell mißtrauisch gegenüber der Sowjetunion wurde, wollte in der britischen Zone ein neues Land schaffen und in diesem die großen Industrien verstaatlichen. Das sollte Sicherheit vor privatkapitalistischer Revanche schaffen und zugleich England finanziell und ökonomisch entlasten.

Daher erhielt dann auch nach der politisch, nicht historisch begründeten Bildung des Landes Nordrhein-Westfalen am 17. Juli 1946 in der „Operation Marriage" die Frage der Sozialisierung von Bergbau, Eisen und Stahl für England eine so große Bedeutung. Zwei preußische Provinzen waren ein neues Land geworden — das bedeutendste in Westdeutschland —; am 24. Juli 1946 wurde Rudolf Amelunxen Ministerpräsident von Nordrhein-Westfalen.

Es ist wichtig, sich daran zu erinnern, daß nach einer Vorankündigung des amerikanischen Präsidenten Truman der Außenminister der USA, George F. Marshall, am 5. Juni 1947 die Hilfe der USA beim Wiederaufbau Europas angeboten hat, sofern die europäischen Nationen sich auf einen gemeinsamen Wirtschaftsplan einigten. 5. Juni 1947 — das war mehr als ein volles Jahr vor der Währungsreform, die wir doch gerne als die grundlegende Voraussetzung, als Ausgangspunkt für soziale Marktwirtschaft und Wirtschaftswunder betrachten. Frankreich wurde für seinen Verzicht auf das Ruhrgebiet im Marshall-Plan großzügig berücksichtigt. Für Westdeutschland bildete die Addition von Marshall-Hilfe und Kürzung der Demontage-Liste um mehr als 300 Anlagen einerseits, die Umbildung des Wirtschaftsrates am 2. März 1948, den die SPD eigenartigerweise gänzlich der CDU/CSU und dem parteilosen Erhard überließ, andererseits einen entscheidenden Konsolidierungseffekt. Bereits längere Zeit vor der Währungsreform, und mehr als ein Jahr vor der Gründung der Bundesrepublik erlebte man, daß ein immer stärker konservativ-liberal werdendes Westdeutschland zu Westeuropa gezählt und in die atlantische Welt integriert wurde. Das war nach dem harten Winter 1946/47 für die geistige Gesundung und die Beruhigung der Bevölkerung ebenso wichtig wie der Dollarsegen.

Bei Hitlers Machtübernahme hatten Bargeldumlauf, Bankguthaben und Spargelder zusammen 34 Milliarden RM betragen und einer Reichsschuld von 11 Milliarden gegenübergestanden. Zur Zeit des vor einer Inflation warnenden Briefes des Reichsbankdirektoriums unter Schachts Führung am 7. Januar 1939, also sechs

Jahre danach, waren es 66 Milliarden gegenüber 19 Milliarden Reichsschuld gewesen. Bis 1945 waren die Beträge auf annähernd 300 Milliarden Geldumlauf und 380 Milliarden Reichsschuld gestiegen. Die Reichsschuld war also in einem Dutzend Jahre auf das 35fache, der Geldumlauf auf das neunfache angewachsen. Durch die Territorialverluste, Guthabenblockierungen und andere Einflüsse war der Bestand an liquiden Mitteln allerdings bis 1948 fast um die Hälfte auf 173 Milliarden verringert worden. Man schätzt, daß das Volkseinkommen 1945 etwa 50 Milliarden betrug und damit real etwa die Hälfte des Volkseinkommens von 1936 ausmachte. Es bestand also ein beträchtliches Mißverhältnis zwischen Geldversorgung, Kaufkraft und Nachfrage einerseits und Produktionskraft, Güterversorung und Angebot andererseits. Dieser sogenannte Geldüberhang mußte beseitigt werden. Dazu hätte man die Preise freigeben oder alle Preise, Löhne usw. entsprechend vervielfachen können. Eisenhowers Proklamation Nr. 1 blockierte aber schon am 8. Mai 1945 alle Preise auf dem Niveau dieses Tages, und die Besatzungsmächte waren entschlossen, das gesamte zwangswirtschaftliche Lenkungssystem, das seit der Wirtschaftskrise geschaffen worden war, als sehr bequemes Herrschaftsinstrument beizubehalten.

In den folgenden Jahren zeigte sich immer deutlicher, daß dies jeder wirtschaftlichen Gesundung — und damit u.a. auch der Verringerung der Besatzungskosten — im Wege stand. Außerdem gingen die Menschen immer mehr von der Geldwirtschaft zur Naturalwirtschaft zurück — es entstand ein Schwarzmarkt mit Zigarettenwährung. Der Industriearbeiter, der, wie in der alten Zeit, etwas Kartoffelland und eine Ziege besaß, lebte weit besser als derjenige, der nur gegen vielleicht hohen Lohn in schlechtem Geld arbeitete. Der Export zu vorgeschriebenen Preisen war ein Verlustgeschäft. So entschieden sich die Besatzungsmächte unter vielen Vorschlägen zwecks Beseitigung dieses Dilemmas zu einer Reduktion des Nennbetrages der insgesamt vorhandenen Menge von Bargeld und Bankeinlagen bei Aufrechterhaltung des alten Preis- und Lohnniveaus — wobei man die Beibehaltung der vom Volk als ungerecht empfundenen, durch Krieg, Nachkriegsereignisse und Inflation entstandenen Vermögensverteilung in Kauf nahm — um so leichter, als sie ja die „Nazis" betraf, die sie selber verschuldet hatten, und nicht diejenigen Völker, denen die Väter der Währungsreform angehörten. Erste Währungsreform-Gespräche unter den Siegern fanden Ende 1945 statt. Ein amerikanischer Situationsbericht lag im Frühjahr 1946 vor und wurde Grundlage weiterer Diskussionen im Kontrollrat. Ende 1947, als also sowohl die Münchener Ministerkonferenz vom 5. Juni 1947 mit ihrem Wunsch nach „Zusammenarbeit aller Länder Deutschlands im Sinne wirtschaftlicher Einheit" stattgefunden als auch am gleichen Tage George Marschall die Grundzüge seiner Hilfsprogramms bekanntgegeben hatte, lag das neue Geld gedruckt bei den Amerikanern in Frankfurt, bevor man noch offiziell entschieden hatte, wie die Reform wirklich aussehen sollte. Mitte April 1948 erhielten westdeutche Sachverständige erstmals Kenntnis von den Reformvorstellungen der Amerikaner. Es kam zwischen beiden Gruppen zu heftigen Kontroversen, schließlich Ende des Monats im „Homburger Plan" zu einer Einigung über das Umtauschverhältnis, den Aufbau eines Zentralbanksystems, Besatzungskosten und Marshall-Hilfe, wobei erstmals Ludwig Erhard als verantwortlicher Direktor der Wirtschaftsverwaltung in den Vordergrund trat und gegen den Widerstand der Sieger einen scharf durchdachten Übergang zur Marktwirtschaft als Komplementär-Maßnahme forderte und mühsam durchsetzte.

Am 18. Juni 1948 hatte der Zahlungsverkehr noch in Reichsmarkwährung stattgefunden, vom Montag, dem 20. Juni ab lief er in Deutscher Mark weiter, nachdem am Sonntag, dem 19. Juni jeder Bewohner der drei Westzonen einen sogenannten „Kopfbetrag" von 40 DM im Umtausch gegen 40 RM erhalten hatte. Alle Reichsmark-Verbindlichkeiten gingen im Verhältnis 1:10 in DM-Verbindlichkeiten über, alle wiederkehrenden Leistungen dagegen wie Löhne, Mieten, Renten im Verhältnis 1:1. Im September wurde ein zweiter und letzter Kopfbetrag von 20 DM ausgezahlt.

Diese „DM" genoß sofort Vertrauen bei den Deutschen. Am Tage nach der Auszahlung des ersten Kopfbetrages waren die Schaufenster der Geschäfte voll jahrelang gehorteter Güter. Aber wer fortan kaufen wollte, mußte im allgemeinen arbeiten, was zu einem riesigen Überangebot an Arbeitsuchenden, das heißt zu großer und bald politisch gefährlicher Arbeitslosigkeit führte.

Kritische Historiker, die diesen radikalen Wandel in der deutschen Gesellschaft buchstäblich über Nacht nicht miterlebt haben, sind geneigt, die Schwächen dieser hauptsächlich von den Amerikanern erarbeiteten Währungsreform stärker zu betonen als ihre grundlegenden Stärken. Natürlich bedeutete die Auszahlung des Kopfgeldes nicht die Beseitigung aller Privatvermögen in jeder Form, nicht die Gleichmachung aller Deutschen. Die Währung wurde reformiert, nicht eine „klassenlose Gesellschaft" von Gleichen geschaffen. Bargeldbesitzer wurden im Verhältnis 100:10 enteignet, Spar- und Bankguthaben sogar im Verhältnis von 100:6,5. Sachwerte, wie Grundstücke, Gold und Diamanten sowie auch Aktien, wurden von der Währungsreform nicht berührt.

Die deutschen Sachverständigen hatten dieses Problem durchaus erkannt und, wie es in der Geschichte der Deutschen Bundesbank heißt, „leidenschaftlich einen Lastenausgleich als Begleitmaßnahme einer Währungsreform" gefordert. Infolgedessen beauftragten die Allierten nun bequemerweise einfach die Deutschen selber im Währungsgesetz mit einem solchen Lastenausgleich bis zum 31. Dezember 1948, also innerhalb von sechs Monaten. Jedermann wußte, daß dies in einer Gesellschaft unmöglich war, die sich gar nicht selber regieren, das heißt Gesetze geben durfte. Aber immerhin wurde schon im August 1949 ein Soforthilfegesetz zur Milderung dringlicher sozialer Notstände erlassen. Das eigentliche Lastenausgleichsgesetz folgte erst am 14. August 1952, also mitten im Wirtschaftswunder, und wurde dessen Wachstum entsprechend wiederholt novelliert. Es betraf Vertreibungsschäden, Kriegsschäden, Ostschäden und Sparschäden, so daß z.B. bei einem Besitz von Spareinlagen, Wertpapieren und Lebensversicherungen, die nachweislich seit dem

1. Januar 1940 durchgehalten worden waren, die Umstellung auf zwei DM für 10 RM angehoben wurde. Die großen Verluste der Geldvermögensbesitzer wurden vom Lastenausgleich nicht berücksichtigt und blieben unverändert bestehen.

Da waren nun also in ständig wachsender Zahl die arbeitswilligen Einheimischen, Flüchtlinge und Vertriebenen, da war kostbares gutes Geld, das man sich verdienen mußte, da gab es keinen Schwarzen Markt mehr und auch kaum noch eine Tauschwirtschaft „Perserteppich gegen Butter."

Also mußte gearbeitet werden, konnten Arbeitsplätze geschaffen, für den heimischen Markt und den Export Güter produziert werden, sofern Investitionskapital zur Verfügung stand und keine Zwangsverwaltungswirtschaft mehr diese Zusammenhänge der privatkapitalistischen Wirtschaftsweise behinderte oder unterband.

Ludwig Erhard erklärte auf einer Pressekonferenz am Tage der Währungsreform: „Ich möchte das freie Unternehmertum auf den Ernst dieser Stunde hinweisen und es mahnen, aus den vermeintlichen Chancen eines Augenblicks nicht eine das Gemeinwohl schädigende Nutzanwendung zu ziehen. Diese kurzsichtige Politik eines kleinen Krämergeistes müßte sich bitter rächen, und darum rufe ich auch die Selbstverwaltungsorgane der Wirtschaft, die Kammern und Verbände, auf, im Kreise ihrer Mitglieder Verständnis dafür zu wecken, daß die Stunde der Bewährung gekommen ist und daß uns nur wieder der Rückfall in irgendeine Form der staatlichen Befehlswirtschaft droht, wenn sich die Wirtschaft den Aufgaben nicht gewachsen und des Vertrauens würdig zeigt." Die in diesen Sätzen sehr leise anklingende sozialpolitische Komponente des neuen Anfangs ist keineswegs überall verstanden und beachtet worden. Anfang 1949 hieß es in der FAZ noch einmal aus Erhards Umgebung: „Zur Marktwirtschaft muß der Leistungswettbewerb treten, wenn sie sozial sein soll!" Da lag und liegt das Problem der Unternehmer- und Politiker-Moral, das auch unserer gegenwärtigen „sozialen" Marktwirtschaft in der westlichen Welt einbeschrieben ist.

Hier müssen nun die wirtschaftspolitischen Grundsätze betrachtet werden, die den eben zitierten Worten von Erhard zugrunde lagen und die bis heute umstritten geblieben sind. Während der zweiten Hälfte des Krieges, insbesondere nach Stalingrad, hatte man sich in Deutschland an vielen Stellen Gedanken über Staat und Wirtschaft nach dem Kriege, nach einer Niederlage, höchstens nach einem Verständigungsfrieden, kaum nach einem Siege, gemacht. Himmler und seine engsten Mitarbeiter Ohlendorf und Hayler planten eine mittelständisch strukturierte SS-Staatswirtschaft, die sie sozialistisch nannten. Auf der anderen Seite, aber nicht ohne Ohlendorfs Wissen, entwickelten einzelne Volkswirtschaftler an Universitäten, in Kammern und Instituten der unternehmerischen Wirtschaft wie Lampe und der Freiburger Kreis, Jessen, der schließlich ermordet wurde, Eucken, Jecht, Schmölders und Erhard die Vorstellungen, aus denen dann nach 1945 die Ordo-Ideen und schließlich die Praxis der „Sozialen Marktwirtschaft" hervorgegangen sind — eine Formulierung, deren Erfindung wohl Alfred Müller-Armack für sich in Anspruch nehmen kann. Wihelm Röpke hat 1961 in einer Festgabe für Müller-

Armack in einem wenig geistreichen Beitrag über die „Laufbahn der Sozialen Marktwirtschaft“ einmal erklärt, Müller-Armack habe „das Wort“ Soziale Marktwirtschaft „gefunden“, und ein anderes Mal, er habe es „in Umlauf gesetzt“. In Wirklichkeit hat Müller-Armack sich den Begriff, wie er selber einmal gesagt hat, „erarbeitet“, denn der Begriff „Soziale Marktwirtschaft“ bilde die äußerste Konzentration einer Wirtschaftsphilosophie, einer Lebensanschauung.

Man muß diese Formulierung wohl in Verbindung mit dem wirtschaftspolitischen „Leitsätze-Gesetz“, einem Grundsatzbekenntnis von Erhard, vier Tage vor der Währungsreform am 18. Juni 1948 sehen, in dem Erhard ausdrücklich erklärte, die Wirtschaftspolitik müsse künftig „wirtschaftliche und soziale Gesichtspunkte in gleicher Weise in Betracht ziehen“. Das waren Grundsatzformulierungen nicht nur für die Wirtschaftspolitik, sondern auch für die Gesellschaftspolitik in der jetzt entstehenden Bundesrepublik Deutschland.

Man muß sie mit dem Liberalismus von Adam Smith in der preußischen Ausprägung seit 1793 und mit Bismarcks Politik des Schutzes der nationalen Arbeit seit 1876/79 vergleichen, wenn man ihre Bedeutung charakterisieren will. Auch an Müller-Armacks brillantes Buch „Genealogie der Wirtschaftsstile“, das er während des Dritten Reiches in Münster in einer Art innerer Emigration geschrieben hat, sei erinnert. Müller-Armack, der ja später Grundsätze formulierender und sie vielen Angriffen gegenüber behauptender Staatssekretär des Politikers Erhard wurde, wollte im neuen Staat die neue Gesellschaft mit einer neuen Wirtschaftsphilosophie versehen.

Heute, fast eine Generation später, unterscheidet man in der Theorie einen individualistischen Neoliberalismus von einem dialektischen Liberalismus jener Jahre — eine Differenzierung, die Müller-Armack kaum mitgemacht hätte. Denn beiden gemeinsam ist, was ihm wichtig war: die Vorstellung, daß das sich am Markt darstellende Wettbewerbssystem schon als solches sozial sei, da es wirtschaftliche Produktivität und Versorgung des Marktes garantiere. Theoretisch stimmt das, und in den frühen fünfziger Jahren war es wohl auch eine kurze Zeit lang so. Aber es gibt kein reines Wettbewerbssystem — weder auf der nationalen noch gar auf der internationalen Ebene. Und bei der Jahrestagung der Mont-Pélérin-Gesellschaft in Cambridge im Herbst 1984 haben die deutschen Liberalen, die in der Ordo-Tradition denken, kaum noch den Versuch unternommen, sich gegen die Vertreter einer über die traditionelle Sozialpolitik weit hinausgehenden Wohlfahrtspolitik zu behaupten.

Schon bald war die *Durchsetzung* der Sozialen Marktwirtschaft schwieriger als ihre *Einführung*. Die Preise stiegen, und die Arbeitslosenzahl stand ein Jahr nach der Währungsreform bei 1,3 Millionen. Das führte am 12. November 1948 zu einem Generalstreik gegen Erhards Wirtschafts- und Gesellschaftspolitik. Die Bundesrepublik Deutschland wurde im Mai/September 1949 in einer Zeit heftiger Auseinandersetzungen nicht allein zwischen CDU/CSU und SPD um die Prinzipien eben der Gesellschafts- und Wirtschaftspolitik gegründet, sondern auch in der stärksten und damit die Regierung bildenden Partei selber waren Erhard und Karl Arnold sich über Rang- und Reihenfolge der Grundsätze keineswegs einig. Arnold wollte von einer gerechteren Sozialordnung aus den wirtschaftlichen Fortschritt bestimmen, Erhard das wirtschaftliche Wachstum erreichen und sichern, aus dem dann der soziale Friede erwachsen würde.

Der eine stand gedanklich der SPD sowie den Gewerkschaften und ihrer Vorstellung von einer Synthese staatlicher Planung und Lenkung einerseits und Freier Marktwirtschaft andererseits, ihren „wirtschaftsdemokratischen“ Idealen sowie der Wohlfahrtsstaats-Vorstellung von Lord Beveridge nicht fern, der andere der neoliberalen FDP sehr nahe. Erhard wurde Bundeswirtschaftsminister, Arnold Präsident des Bundesrates. Adenauer hatte an dieser Stelle den CSU-Bayern Ehard haben wollen. Aber er war mit diesem Wunsch zu nachdrücklich hervorgetreten. Daher bremsten ihn die „Landesfürsten“ und erschwerten ihm die Regierungsbildung.

Schließlich zogen die Sozialdemokraten, die das Sinken der Arbeitslosigkeit, das Steigen des Lebensstandards und der Spareinlagen, die Folgen der Befreiung von allen Produktionseinschränkungen bei Stahl und Eisen im Zusammenhang mit dem Korea-Krieg sowie die Schaffung neuer Arbeitsplätze nicht bestreiten konnten, sich zurück auf die Formel „Wettbewerb soweit wie möglich, Planung soweit wie nötig“. Aber in der Mehrheit des Volkes war das Bedürfnis nach Freiheit vom Staat auch angesichts der Entwicklung in der DDR entschieden größer als das nach Planwirtschaft und radikaler sozialer Neuordnung.

Später, als die Wohlstands-Republik geschaffen war und auch die soziale Seite immer stärker in den Vordergrund treten konnte, haben Kritiker aus den Kreisen links von der SPD in der, wie sie sagten, „Eucken-Erhardschen Marktwirtschaftskonzeption“ sogar die Politik eines „mild-autoritären Staates“ und einer „demokratiefeindlichen Einstellung“ sehen wollen. So sah es z.B 1968 die Außerparlamentarische Opposition (APO).

Als Müller-Armack 1951 seinen Aufsatz über „Abhängigkeit und Selbständigkeit in den Wirtschaftsordnungen“ und 1952 über „Stil und Ordnung der Sozialen Marktwirtschaft“ schrieb, und als Ludwig Erhard 1953 das Buch „Deutschlands Rückkehr zum Weltmarkt“ herausgab, befand man sich längst mitten im „Wirtschaftswunder“ — einem Wunder, dessen Schwächen oder Schattenseiten erst zehn Jahre später deutlich zu werden begannen.

Gewiß waren die Jahre des Zweiten Bundestages am deutlichsten die des Wirtschaftswunders. Aber begonnen hatte es bereits mit dem „Arbeitsbeschaffungsprogramm“ von 1950, wenn auch die „Goldenen 50er Jahre“ mit Erhards Parole, 1953 sei „das Jahr des Verbrauchers, der Mut zum Konsum“ habe und der nach dem Auslaufen der Marshall-Hilfe „Wohlstand aus eigener Kraft“ schaffe — die Ereignisse am 17. Juni bildeten ein eindrucksvolles Gegenstück zu diesem Wohlstand und Materialismus —, erst deutlich sichtbar wurden, nachdem man in der Wahl zum Zweiten Bundestag die Leistung des ersten anerkannt hatte und das Saargebiet

1955 zu Westdeutschland zurückgekehrt war. Im Jahre 1954 zog Wilfried Guth von der Deutschen Bank anläßlich eines von Albert Hunold herausgegebenen Bandes „Wirtschaft ohne Wunder“ in der Zeitschrift „ORDO“ „eine Zwischenbilanz der freien Marktwirtschaft“, in der er das deutlich zum Ausdruck brachte. Dabei kam es zu gewissen Schwerpunktbildungen: Von der Bevorzugung des lange vermißten guten Essens, der sogenannten Freßwelle, gelangte man über Textilien und Möbel zum Kühlschrank als Statussymbol, vom Fahrrad über Moped und Motorrad zum Auto. Allein von 1954 auf 1955 steigerte das VW-Werk seine Produktion um 36 Prozent. Im Jahre 1951 begann Daimler-Benz die Entwicklung neuer Sechszylinder-Typen.

Im April 1951 erhielten die sozial schwachen Bevölkerungskreise eine Ausgleich für die Preissteigerungen bei Milch, Margarine und Brot. Drei Monate später kam es zur Dritten Lohnwelle mit einer Steigerung um 13 Prozent beim Bergbau. Am 1. Oktober stiegen die Beamtengehälter um 20 Prozent. Im Juli 1952 wurde gegen die Stimmen der SPD und der KPD das Betriebsverfassungsgesetz verabschiedet.

Auch außenwirtschaftlich waren bedeutende Fortschritte zu verzeichnen: die deutsch-französische Annäherung seit 1950, der Schuman-Plan im Mai 1950, die Montan-Union im April 1951.

Am 3. März 1953 konnte Erhard, eine „Kämpfernatur“, wie er an diesem Tage in der FAZ genannt wurde, auf fünf Jahre seiner Wirtschaftspolitik als Direktor der Wirtschaftsverwaltung und als Bundesminister zurückblicken.

Man könnte solche Merkmale des Wirtschaftswunders immer weiter aufzählen: Adenauers und Erhards Erfolg bei der Wahl zum Zweiten Bundestag 1953, die Anerkennung dieser Tatsache durch den DGB sowie die Rentenpolitik der Regierung seit 1953: Sie betraf nach heftigen Angriffen des Kanzlers auf Erhard, dessen ebenso ernsthafte wie komplexe Wirtschaftspolitik, bedrängt von der Großindustrie in der „Gürzenich-Affäre“, er im Mai 1956 hatte bremsen wollen, die am 27. Februar 1957 verabschiedete erste Etappe einer groß angelegten Rentenreform: die Neuordnung der Rentenversicherung mit dem Übergang von der statischen zur dynamischen Rente, die an die Brutto-Lohn-Zuwächse gebunden wurde und dadurch eine Produktivitätsrente sein sollte. Dies erfolgte gegen den Widerstand der Protestanten unter den Ordo-Liberalen, die von „dynamischem Leichtsinn“ sprachen, und gegen die Warnung von Adenauers Freund und Berater Pferdmenges, es fehle die Möglichkeit, künftige Konjunkturschwankungen und inflationäre Erscheinungen, die Entwicklung der Alterspyramide sowie das Zahlenverhältnis von Erwerbstätigen, Arbeitslosen und Rentenbeziehern ausreichend genau zu schätzen. Zwanzig Jahre später erwies sich im 21. Rentenanpassungsgesetz im Jahre 1978, und täglich erweist es sich, daß die Mahner und Warner aus CDU und FDP Recht gehabt hatten. Aber zunächst einmal brachte die Reform und wohl auch die Gründung der EWG Adenauer die absolute Mehrheit der CDU/CSU bei der Wahl zum Dritten Bundestag im September 1957, die Ollenhauer als „Debakel“ der SPD bezeichnete.

Befand man sich immer noch in der Zeit des Wirtschaftswunders? Vielleicht wurde der Dritte Bundestag gerade noch vor dem Anfang von dessen Ende gewählt. In den Parteien wogen die Wahlstrategen die Bedeutung einzelner Faktoren für das „Wunder“ gegeneinander ab: Erhards Ordnungspolitik, die ERP-Kapitalzufuhr, das gerettete berufliche Know-how der Bevölkerung, der Wegfall der Subventionen für die ostpreußischen Großgrundbesitzer oder die überwältigende Fülle der neuen Erfindungen, Entwicklungen und Lizenznahmen in Westdeutschland. Die Geschäftsberichte der großen Aktienbanken in der Bundesrepublik begannen zwar in diesen Jahren stets mit einem Hinweis auf ein Wachstum des Sozialprodukts um fünf oder sechs und noch mehr Prozent. Aber im Bericht der Bank, an deren Spitze H. J. Abs stand, hieß es erstmals für 1953: „Der Steinkohlenbergbau hat an diesem Anstieg keinen Anteil gehabt.... Ähnlich wie bei der Kohle verlief das Berichtsjahr für die Eisen- und Stahlwirtschaft unseres Landes.... Erstmalig nach dem Kriege ist die aufsteigende Linie der Eisen- und Stahlerzeugung unterbrochen worden.“

Vom „Anpassen an den Bedarf“, von einem „harten Kampf um den Markt“ war die Rede. Im Jahre 1954 begann die Gewinnung von Energie aus Erdöl beachtenswert zu werden. Eine Stagnation der Kohlewirtschaft zeichnet sich in diesem Jahre ab.

Abs, der einerseits Vorsitzender des Aufsichtsrates der Rheinisch-Westfälisch Elektrizitäts-Werke AG, der RWE, und andererseits der Zeche Dahlbusch AG in Gelsenkirchen war, erwähnte in deren Geschäftsbericht für 1954 die Wirkung der schlechten Lage bei Eisen und Stahl auf den Absatz von Kohle und Koks sowie erstmals die Konkurrenz von Erdgas und Erdöl und das „etwaige Hinzutreten“ von Atomenergie. Das Wirtschaftswunder war nicht mehr ungefährdet — es stand eigentlich sogar schon dicht vor dem Anfang vom Ende, allerdings keineswegs in allen Bereichen: Werften und Reedereien zum Beispiel machten unmittelbar hinter dem Fahrzeugbau 1954 und 1955 noch glänzende Geschäfte, und 1955 wurde, allgemein gesehen, die Vollbeschäftigung erreicht. Die Gastarbeiter standen an der Grenze. Sie wurden zur Fortsetzung und Steigerung des Wirtschaftswunders, zur Entlastung und sozialen Anhebung der deutschen Arbeiterschaft dringend gebraucht.

Man befand sich sogar in einer paradoxen Lage: Der Geschäftsbericht der Deutschen Bank für 1955 erwähnte „die zunehmende Bedeutung des Erdöls und anderer Energieträger“ und erklärte buchstäblich im gleichen Satz die Anlage neuer Schächte im deutschen Steinkohlebergbau „für dringlich“, weil man zu dieser Zeit bei der Formulierung des Berichts für 1955 im Jahre 1956 die Behauptung des teueren deutschen Steinkohlenbergbaus gegenüber Erdöl, Erdgas und Atomenergie noch für möglich hielt. Im Jahre 1958, ein paar Monate nach der Bundestagswahl, war die Lage bei Kohle und Stahl, auch bei den Textilien und anderen Verbrauchsgütern eindeutig schlecht. Fortan fand bei den Kohlebergwerken wohl kaum eine einzige Vorstands- und Aufsichtsratsitzung statt, bei der das von der Regierung obendrein geförderte bedrohliche Anwachsen der Erdöl- und Erdgas-

Importe, die starke Einfuhr von amerikanischer Kohle und das Nachlassen der eigenen Kohle-Exporte unter dem Druck des Erdöls in aller Welt nicht auf der Tagesordnung stand. Am 22. Januar 1958 erzwang die von Erhard prinzipientreu liberal ermöglichte Erdöleinfuhr erstmals auf fünf Zechen an der Ruhr Feierschichten für 16 000 Bergleute.

Aber nicht nur die Kohlenkrise war da. 1957/58 hatte das Wirtschaftswunder eindeutig seinen Höhepunkt überschritten, wenn auch der Durchschnittsbürger, der den Wirtschaftsteil der Zeitungen nicht las, der keine Aktien besaß, der sich über Lohnerhöhungen, Arbeitszeitverkürzungen und die Dynamisierung seiner Rente freuen konnte, das noch nicht merkte und erst 1960 durch Alfred Webers Buch „Wolken am Konjunkturhimmel" aufmerksam wurde.

Dieser Zeitunterschied zwischen der Wirklichkeit und ihrer Wahrnehmung hatte bemerkenswerte Wirkungen. Was sollten die SPD und die Gewerkschaften zu ihrer Selbstbehauptung tun angesichts des anscheinend endlosen Wirtschaftswunders, der absoluten Mehrheit der CDU/CSU, ihrer höchst werbewirksamen Rentenreform, der Arbeitszeitverkürzungen, der anhaltenden Steigerung des Sozialprodukts und der Löhne und Gehälter? Der Marxismus schien am Ende, der Klassenkampf nicht mehr möglich oder gar nötig zu sein. Der Vorstand der SPD hatte 1954, also auf der Höhe des Wirtschaftswunders, vom Parteitag den Auftrag erhalten, eine neues Parteiprogramm zu erarbeiten. Nach der Debakel-Wahlniederlage von 1957 legte er einen Entwurf vor, der mehrfach geändert wurde. Der Außerordentliche Parteitag im November 1959 akzeptierte das neue Programm. Es bekannte sich zu den „bürgerlichen Grundrechten", und damit zu Adenauers Staat, es bezeichnete als Ziel der Wirtschaftspolitik „Vollbeschäftigung und Preisstabilität mit freier Wahl des Verbrauchs, des Arbeitsplatzes und freier Unternehmerinitiative" sowie „Privateigentum an den Produktionsmitteln". Es erklärte: „Überführung in Gemeineigentum ist ein Mittel der Wirtschaftspolitik, aber kein Grundsatz." Man forderte anfangs noch die dynamische Rente. Aber das alles oder fast alles hatte Erhards Wirtschaftswunder bereits gebracht und überholt, bevor Ollenhauer 1959 dieses Programm der „Volkspartei" SPD auf dem Boden von „Christlicher Ethik, Humanismus und Klassischer Philosophie" präsentierte. Nur auf diese Weise, mit dem posthumen Sieg von Lassalle über Marx, Bernstein über Kautsky, glaubte man, wie es in der jünsten Ollenhauer-Biographie heißt, jemals an die nach 1945 nicht energisch genug angestrebte Macht kommen zu können. Der Berliner Politologe Peter Brandt hat 1984 in einer Rezension eines Buches über die Bremer SPD 1945—1949 festgestellt, daß die SPD in diesen Jahren immer weniger politische Initiative aufgebracht habe, und daß ihre programmatische Entwicklung zum Godesberger Programm von ihren Anhängern und Wählern „ganz überwiegend begrüßt" worden sei, wenngleich man in Bremen noch gelegentlich bei Wohnungsbau- und Schulpolitik mit den Kommunisten zusammengegangen sei.

Im Grund funktionierte in einer Stadt mit dem Bürger-Sozialdemokraten Kaisen an der Spitze bereits vor Godesberg das Bündnis der nicht mehr proletarischen

Arbeiter mit den Bürger-Kaufleuten. Beide profitierten, und zwar nicht nur in Bremen, sowohl von Erhards Wirtschaftswunder wie von Adenauers Rentenpolitik.

Aber hätte man die Geschäftsberichte der Banken, der Kohlenbergwerke, der Hütten- und Walzwerke, die Leitartikel der großen Tageszeitungen, auch einiger ausländischer Blätter sorgfältiger gelesen und sachkundiger analysiert, dann hätte man vielleicht an diesem Godesberger Programm noch weitere zwei oder drei Jahre herumformuliert und schließlich nicht mehr den Marxismus unerwähnt gelassen, nicht den Terminus „Sozialisierung" aufgegeben und nicht die alte Arbeiterpartei in eine „Volkspartei" umbenannt.

Und die Gewerkschaften? Die FAZ bezeichnete am 14. September 1959 den Stuttgarter Kongreß der Gewerkschaften einfach als „müde" und „lau", zehn Jahre nach der Gründung des DGB als einen Kongreß der „verschobenen Entscheidungen". Sie, die Zeitung Adenauers und Erhards, sprach geradezu hochmütig von „lähmender Resignation" und „Lethargie". Der Vorstand des DGB erhielt auf diesem Kongreß acht Wochen vor Godesberg den Auftrag, das Grundsatzprogramm des DGB zu revidieren und den neuen wirtschaftlichen Verhältnissen — das heißt dem Wirtschaftswunder mit allen seinen Ergebnissen der freiheitlichen Wirtschaftsordnung — anzupassen, nachdem Rosenberg erstmals die Marktwirtschaft als eine auch für die Gewerkschaften akzeptable Wirtschaftsordnung bezeichnet hatte. Die FAZ jubelte geradezu. Und als das neue Programm 1963 genau am Ende der Ära Adenauer, wie es schien zu Beginn der Ära Erhard, von Boeckler präsentiert wurde, da orientierte sich dieses Dokument über fünfzehn Jahre Gewerkschaftsgeschichte tatsächlich an Müller-Armacks und Erhards Sozialer Marktwirtschaft, an der Konjunkturpolitik im Sinne von Keynes, galt ihm die „Vergesellschaftung" in Übereinstimmung mit dem Godesberger Programm buchstäblich nur noch als eines der „Mittel zur freien und selbstverantwortlichen Entfaltung der Persönlichkeit innerhalb der menschlichen Gemeinschaft". Der DGB, auch die IG-Bergbau glaubten also sogar noch 1963, wie die SPD 1959, an die Dauer des liberalbürgerlichen Wirtschaftswunders, das prinzipiell bereits seit einigen Jahren vorüber war, und richteten sich im Sozialstaat der CDU/CSU auf lange Sicht ein. Tatsächlich befand man sich Ende der 50er Jahre — wie übrigens in jeder Zeit — in einer unübersichtlichen Situation. Die sogenannte "Trümmerzeit" war längst vorüber; die Währungsreform war nicht mehr ein über das ganze Leben entscheidendes Ereignis von gestern, sondern konnte verglichen werden mit der Schaffung der Renten- und Reichsmark im Jahre 1923 — sie setzte bereits Patina an. In Bonn, München, Düsseldorf etablierte sich eine neue Gesellschaft mit einer nicht immer ganz neuen Kultur, der Erica Pappritz elitäre Etikette beibrachte und gegen die sich fast unbemerkt, jedenfalls gering geschätzt und unterschätzt, eine Art Antikultur zu formulieren begann. Ihre Träger sahen im Godesberger Programm durchaus nicht falsch eine Abkehr vom — und damit den Verrat am — Marxismus und formierten sich zur neomarxistischen Außer-Parlamentarischen Opposition, der

APO. Alfred Anderschs Erzählung „Mit dem Chef nach Chenonçeau" aus dem Jahre 1957 gibt sehr gut das Wirtschaftswunder-Zwielicht dieser Zeit wider. Kein Wunder, daß nun die große Zeit der politischen und wirtschaftlichen Weissager und Prognostiker anfing, an deren Irrtümern sich wie eh und je Politiker lieber orientieren als an den von Historikern aller Denominationen in großer Vielfalt erarbeiteten und vorgetragenen „Lehren der Geschichte".

KURT SONTHEIMER

PARTEIEN UND VERBÄNDE IN DEN ANFANGSJAHREN DER BUNDESREPUBLIK (1949—1955)

Das Jahr 1955, in dem die Bundesrepubik Deutschland ihre formelle Souveränität erlangte, ist für die Entwicklung des deutschen Parteien- und Verbändesystems kein besonderes Datum. Für die *Parteien* war zunächst entscheidend die Phase ihrer Wiedergründung bzw. Neugründung unter der Kontrolle der Besatzungsmächte und sodann, zum Zeitpunkt der Gründung der Bundesrepublik, die politisch entscheidende Frage, ob sie Regierungs- oder Oppositionsparteien sein und wie es ihnen insgesamt gelingen würde, die politischen Strömungen im deutschen Volke zu organisieren und in die neu zu gestaltende politische Ordnung zu integrieren.

Auch für die deutschen *Verbände* kann das Jahr 1955 nicht als ein besonders wichtiges Entscheidungsjahr oder gar als eine Zäsur betrachtet werden, denn ihre Wieder- und Neugründung sowie ihre Orientierung an den gegebenen politischen Verhältnissen vollzog sich im Rahmen einer relativ kontinuierlichen Entwicklung, für die lediglich die Gründung der Bundesrepublik ein entscheidendes Datum war, weil durch sie jene politischen Instanzen und Organe ins Leben gerufen wurden, auf die sich die Verbände, sofern sie politisch aktiv wurden, zu beziehen hatten. Interessant im Zusammenhang mit einer historischen Aufarbeitung der Entwicklung der Bundesrepublik bis in die Mitte der fünfziger Jahre ist in bezug auf das Parteien- und Verbändesystem insbesondere die Frage, wie sich der neue deutsche Pluralismus sowohl der politischen Parteien wie der gesellschaftlichen Gruppen im Rahmen der neuen verfassungsmäßigen Ordnung des Grundgesetzes ausgebildet und ausgeprägt hat. Unser Augenmerk gilt also weniger den Entwicklungen der Besatzungsära als den ersten Jahren der Bonner Republik, die nach meinem Urteil in bezug auf das Partei- und Verbandswesen für die weitere Gestalt der Bundesrepublik einen prägenden, wenn nicht gar determinierenden Charakter gehabt haben. Der legitime Anlaß, sich dreißig Jahre nach der formellen Übertragung der Souveränität an die Bundesrepublik des bis dahin vollzogenen Ablaufs deutscher Geschichte nach dem Zweiten Weltkrieg zu erinnern, kann nicht darüber hinwegtäuschen, daß die inzwischen auch schon von der neuesten Geschichtsschreibung übernommenen Periodisierungen der bundesrepublikanischen Geschichte im Hinblick auf die innenpolitische Entwicklung tragfähiger sind als die Orientierung am Datum der Wiedergewinnung der Souveränität, die unter den politischen Bedingungen der Nachkriegsjahre ohnehin mehr von juristischer als von politischer und nationaler Bedeutung war. Die kurze Zeitspanne zwischen 1949 und 1955 gehört in die *Ära Adenauer,* die freilich erst mit dessen Abgang aus der deutschen Politik im Jahre 1963 abschließt. Wenn es darum geht, diese Ära zu unterteilen, so legt sich die von Hans-Peter Schwarz in seinem großen Werk über die Ära Adenauer vorgenommene Aufteilung zwischen 1949 und 1957 nahe, weil der große Wahlerfolg Konrad Adenauers und seiner Partei in den Bundestagswahlen von 1957 in der Tat die Krönung dieses ersten Abschnitts bundesrepublikanischer Geschichte und auch den Zenit der gesamten Adenauer-Periode darstellt.

Die Entstehung eines neuen Parteiensystems

Es ist schon oft hervorgehoben worden, bleibt aber deshalb nicht weniger richtig, daß die neuentstandene Bundesrepublik ihre außerordentliche politische Stabilität wesentlich einem neuen Parteiensystem verdankt, das auf zwei Hauptparteien, der CDU/CSU und der SPD, beruht und durch eine dritte Nebenpartei, die FDP, die für die Regierungsbildung in der Regel eine gewisse strategische Bedeutung erlangt, ergänzt wird. Während man angesichts der immer wieder auftretenden Schwäche der Partei der Liberalen im Verlauf der Bundesrepublik des öfteren damit rechnete, daß sich ein klares Zweiparteiensystem herausbilden würde, ist es dazu nicht gekommen, vielmehr hat neuerdings das Auftreten der *Grünen* die Parteienlandschaft erstmals weiter differenziert und damit eine neue Entwicklungsphase des Parteiensystems eingeleitet, dessen Ausprägung z.Z. noch offen ist.

Die Anfänge der Ära Adenauer hingegen waren charakterisiert durch einen kontinuierlichen Prozeß der Bereinigung und Konzentration eines Vielparteiensystems, der im Jahre 1957 bereits so weit fortgeschritten war, daß nurmehr die beiden Hauptparteien und die liberale Nebenpartei zählten. Im ersten Bundestag 1949 hatten die beiden Hauptparteien CDU/CSU und SPD zwar fast gleich viele Stimmen, aber insgesamt doch nur 60% aller abgegebenen Stimmen erhalten, während sich die übrigen auf acht meist kleinere Parteien verteilten, die vier Jahre später mit Ausnahme der FDP, der von der CDU unterstützten Deutschen Partei und dem neuen, doch nur eine Parlamentsperiode lang im Bundestag vertretenen „Block der Heimatvertriebenen und Entrechteten“ (BHE), nicht mehr im Parlament zu finden waren. Die ersten Jahre der Ära Adenauer sind also charakterisiert durch eine *Konzentration des Parteiensystems* auf CDU/CSU, SPD und FDP, wobei diese Konzentration fast ganz zugunsten der CDU/CSU ging, die bei ihrer triumphalen Wahl zum dritten Bundestag 1957 erstmals mit 50,2% der Stimmen die absolute Mehrheit erreichte, während die SPD sich kaum bewegt hatte und nur auf 31,8% kam. Diese Entwicklung ist z.T. der Verschärfung des Wahlgesetzes mit der Einführung der 5%-Klausel zu danken, hat ihre wesentliche Ursache jedoch in der erfolgreichen Ausstrahlung Adenauers und der von ihm unangefochten geführten Union der Christdemokraten.

Trotz des zeitweiligen Erfolges kleiner Splitterparteien bei den Wahlen zum ersten deutschen Bundestag geht die stabilisierende Konzentration des deutschen Parteiensystems bereits auf eine grundlegende Entscheidung der Alliierten zurück, die bei ihrer Lizenzierungspraxis für politische Parteien nach dem zuerst in der Sowjetzone praktizierten Muster überall zuerst nur vier Parteien zuließen: Christdemokraten, Liberale, Sozialdemokraten und Kommunisten. Dabei bleibt im Rückblick erstaunlich, wie einheitlich diese vier zunächst zugelassenen Parteirichtungen in den einzelnen Besatzungszonen trotz der schwierigen Kommunikationsmöglichkeiten der Besatzungsära von Anfang an gewesen sind, und zwar sowohl in ihrer ideologischen Ausrichtung wie in ihren Proportionen. Es schien so, als würden mit diesen Parteigründungen die im deutschen Volk vorhandenen großen politischen Interessenrichtungen der Nachkriegszeit in etwa erfaßt. Man muß sich freilich darüber im klaren sein, daß die politische Artikulation altkonservativer, rechtsextrem nationalistischer oder gar nationalsozialistischer Bestrebungen, für die es damals vermutlich noch ein gewisses Echo in der deutschen Bevölkerung gegeben hätte, durch die Besatzungsmächte von vornherein unterbunden wurde.

Indem alle zugelassenen Parteien ihr Interesse an einer durchgreifenden und tragfähigen politischen Neuordnung zum Ausdruck brachten, begaben sie sich auf einen gemeinsamen Boden der Verfassungskonformität, von dem aus sie ihren jeweiligen Part bei der konkreten Verwirklichung der Neuordnung spielten. Jedenfalls war von Anfang an eine weitgehende Übereinstimmung der relevanten Parteien über die notwendigen allgemeinen Prinzipien eines demokratischen Wiederaufbaus gegeben, welche die Entstehung eines *breiten Verfassungskonsensus* für die Bundesrepublik und für die Entwicklung dieser Parteien zu „staatstragenden Parteien“ begünstigte.

Als einzige der vier Parteien der Gründungsära des deutschen Parteiensystems nach dem Zweiten Weltkrieg hat die *Kommunistische Partei* die Entwicklung der Bundesrepublik nicht nennenswert mit beeinflussen können. Ihre Wählerschaft schwand unter dem Eindruck der Entwicklung in der Ostzone, insbesondere durch die 1949 einsetzende Verwandlung der neuen SED in eine stalinistische Partei, immer stärker dahin, so daß es vermutlich auch nicht des langwierigen Verfahrens vor dem Bundesverfassungsgericht, das 1952 eingeleitet und vier Jahre später erst abgeschlossen wurde, bedurft hätte, um diese Partei aus dem politischen Leben der Bundesrepublik zu eliminieren. Die Ausschaltung der KPD per Gerichtsbeschluß war indes bezeichnend für die in den ersten Jahren der Bundesrepublik stark verbreitete, im Art. 21 des Grundgesetzes dokumentierte Einstellung, daß in diesem politischen System weder rechtsextreme noch linksextreme Parteien und Organisationen etwas zu suchen hätten. Während das „bunte“ Wahlergebnis vom 14. August 1949 also noch einmal die traditionellen Befürchtungen einer Wiederkehr der Parteienzersplitterung Weimarer Musters heraufbeschwor, war vier Jahre später und vollends acht Jahre danach alles klar: das neue deutsche Parteiensystem beruhte auf verfassungsloyalen Mitgliedern, aufgeteilt auf zwei Hauptparteien und der liberalen Nebenpartei, und es war im weiteren Fortgang nur mehr die Frage, ob es in der Geschichte der Bundesrepublik auch einmal zu einem Wechsel der die Regierungsmacht ausübenden Parteien kommen würde. Davon war in den fünfziger Jahren nicht die Rede; vielmehr schien alles auf eine unüberwindliche Dauerherrschaft der CDU/CSU mit der FDP hinzudeuten. Die „Ära Adenauer" hat ihren Namen auch deshalb zu Recht, weil es in ihr keine realistische Chance für einen politischen Machtwechsel gab.

Die Christdemokraten

Die Christdemokraten halten sich viel darauf zugute, die einzige relevante Neugründung einer politischen Partei nach dem Zweiten Weltkrieg zu sein. In der Tat war die parteipolitische Überwindung der spaltungsträchtigen Konfessionsschranke eine wichtige Voraussetzung für die Entwicklung der CDU zu einer umfassenden bürgerlichen Sammlungsbewegung und zu einem Parteityp, den man später als *Volkspartei* bezeichnet hat. In den ersten Jahren des Parteilebens unter der Besatzungsmacht war noch keineswegs deutlich, ob die Partei sich stärker bürgerlich-liberal oder mehr christlich-sozial profilieren würde, doch der Ausbruch des Kalten Krieges zwischen Ost und West sowie die unbestreitbaren Erfolge der wirtschaftlichen Liberalisierungspolitik nach der Währungsreform vom Juni 1948, haben die CDU und insbesondere die bayerische CSU mehr und mehr in ein bürgerlich-liberales und konservatives Fahrwasser getrieben und die Vertreter eines christlichen Sozialismus, die anfangs in ihr noch relativ stark waren, schnell in die Minderheit versetzt. Konrad Adenauer, der als Vorsitzender der CDU in der britischen Zone dem für die Anfangsgeschichte der Partei wichtigsten Zonenverband vorstand, hat diese konservative Entwicklung der CDU persönlich stark geprägt. Er hatte, sobald er zum Kanzler gewählt war und mit seiner Regierung greifbare Erfolge vorweisen konnte, keine ernsthaften Widersacher in der Partei mehr. Die CDU ist bekanntlich erst im November 1950 zu einer Bundespartei mit Adenauer als erstem Vorsitzenden zusammengefügt worden. Unter ihm hat die CDU jene Züge entwickelt, für die man in den sechziger Jahren die kritische Bezeichnung „Staatspartei" bzw. „CDU-Staat" verwendet hat. Sie war überzeugt davon, daß ihr die Macht im neuen Deutschland mit Recht — nicht nur von Wählers Gnaden — zukäme, weil keine andere politsche Gruppierung in der Lage wäre, diese Macht so zum Wohle unseres Landes auszuüben wie die CDU/CSU. Adenauers Erfolge, die sich bereits in den ersten Jahren nach seiner Kanzlerschaft einstellten und dann auch die andere Hauptpartei, die SPD, zu einer gewissen Anpassung ihres Programms an die von Adenauer geschaffenen Verhältnisse nötigten, hielten die Partei, ungeachtet ihrer oft durchaus divergierenden Einzelinteressen, stets zusammen und gaben ihrer Politik einen unideologischen, zutiefst pragmatischen Charakter, der lediglich durch erfolgreiche Formeln wie von der „sozialen Marktwirtschaft“ oder der „christlichen Verantwortung“ überdeckt wurde. (Dies ist heute mit dem Slogan von der „geistig-moralischen Erneuerung“ nicht viel anders.) Wichtig für das Wohlgefühl innerhalb der CDU in dieser Anfangsperiode war auch der Umstand, daß man den aus der Entstehungsphase herrührenden stark föderalistischen Organisationsrahmen der Partei belassen hatte und sich erst durch den 1969 erfolgten Machtverlust genötigt sah, eine zentralistische, stärker bürokratisierte Parteiorganisation in Bonn aufzubauen.

Adenauer stellte seine Partei durch den allgemeinen Erfolg seiner Rekonstruktionspolitik zufrieden, aber auch dadurch, daß er keine der in seiner Partei organisierten sozialen Gruppen und Interessen völlig unbefriedigt ließ und in der CDU/CSU das Bewußtsein dafür schärfte, daß es in der Politik in erster Linie auf die Macht und weniger auf die Reinheit und Widerspruchslosigkeit von Prinzipien ankomme. Es ist im wesentlichen Adenauer zuzuschreiben, daß die CDU zu einer machtbewußten, pragmatische Lösungen bevorzugende Partei bürgerlich-konservativen Zuschnitts geworden ist, für die es selbstverständlich war, ihren Einfluß so weit wie möglich auf die Institutionen des Staates und der verfaßten Gesellschaft auszudehnen, wie umgekehrt die neugewachsene Wirtschaft und Gesellschaft sich mit ihr zu verschwistern begann. Auf diese Weise konnte sich in der Tat so etwas wie ein „CDU-Staat“ entwickeln, doch war der Erfolg dieser Partei im hohen Maße eine Folge des Erfolgs ihres Parteiführers als Regierungschef der Bundesrepublik Deutschland. Deshalb bedeutete Adenauers Abgang aus der deutschen Politik nicht nur das Ende einer Ära der Anfangsepoche der Bundesrepublik, sondern er schuf auch eine ganz neue Lage für die CDU, die jedoch bis heute, wie man gerade an Bundeskanzler Kohl erkennen kann, das *Erbe Adenauers* auch unter stark gewandelten Verhältnissen noch für verpflichtend hält.

Die Sozialdemokraten

Für die Sozialdemokraten waren die Jahre zwischen 1945 und 1948 eine Zeit der Hoffnung und des konsequenten Aufbaus der Parteiorganisation mit ihrem Führer Kurt Schumacher. Unter ihm knüpfte die Partei guten Gewissens an den 1933 abgerissenen, in der Emigration aufbewahrten Traditionen wieder an, getragen von der Überzeugung, die einzige politische Kraft im neu zu ordnenden Deutschland zu sein, die politisch und moralisch legitimiert wäre, eine neue, wirklich demokratische Ordnung in Deutschland aufzubauen. Die SPD wurde schnell zu einer mitgliederstarken, straff von der Zentrale aus dirigierten Partei, die in der breiten sozialistischen Grundströmung der Jahre 1946 und 1947 eine Bestätigung für die Richtigkeit ihrer allgemeinen politischen Zielsetzungen erblicken durfte. Sie wurde jedoch bereits im Jahre 1948, bei der Zusammensetzung des Frankfurter Wirtschaftsrats als der ersten parlamentarischen Versammlung auf Bundesebene vor Entstehung der Bundesrepublik, von den bürgerlichen Parteien in die Opposition gewiesen. Die Hoffnung Kurt Schumachers und seiner Genossen, daß die Deutschen in ihrer Mehrheit sich für den demokratischen Sozialismus seiner Partei entscheiden würden, trog und schlug in Bitterkeit um. Adenauers schnelle erste Regierungsbildung mit der FDP verwies dann auch in der neuen Bundesrepublik die SPD fürs erste in die Opposition.

Der unbestreitbare Erfolg der Liberalisierungspolitik Ludwig Erhards seit 1948 hatte den noch immer stark planwirtschaftlich orientierten ökonomischen Vorstellungen der SPD die Überzeugungskraft genommen; aufgrund des enttäuschenden Wahlergebnisses von 1949 und der Bildung der ersten bürgerlichen Regierungskoalition unter Adenauer mußte die SPD also aus der Opposition heraus den langwierigen Kampf um die Macht wagen, den sie vorher schon für sich gewonnen zu haben glaubte. Dies gab der Opposition Kurt Schumachers ihre unversöhnliche Schärfe; er rückte die Partei in die undankbare Rolle des „ewigen Neinsagers", obwohl sie gleichzeitig auf vielen Gebieten, so vor allem bei der Ausarbeitung des Grundgesetzes, aber dann auch in wichtigen Bereichen der Gesetzgebung, wesentlich daran mitwirkte, die Bundesrepublik zu einem demokratischen Gemeinwesen zu machen. Doch es war nicht allein das mangelnde Vertrauen in die wirtschaftspolitische Kompetenz der Sozialdemokraten, die die Partei zunächst im Turm der 30% Wählerstimmen gefangen hielt, sondern auch die, insbesondere durch die Person Kurt Schumachers vertretene rabiat-kritische Einstellung gegenüber den herrschenden Besatzungsmächten, die dazu führte, daß die SPD unter Adenauers Kanzlerschaft außenpolitisch ins Abseits geriet. Zwar war die grundsätzliche Bereitschaft der SPD, eine Demokratie westlichen Typs aufzubauen, in der SPD nie zweifelhaft — sie ist in meinen Augen bis heute die demokratisch zuverlässigste Partei der Bundesrepublik geblieben — aber die von Schumacher mit aller Leidenschaft intonierte nationale Kritik an Adenauers zügiger und unbeirrter Politik der Verankerung der Bundesrepublik im Westen war nicht gerade dazu angetan, den von Schumacher wie von Adenauer gewollten Weg der Bundesrepublik zur staatlichen Unabhängigkeit und Selbständigkeit zu erleichtern und abzukürzen.

Unter Schumacher vertrat die SPD die Linie eines geläuterten deutschen Nationalismus, für den die durch das Besatzungsregime geprägten Verhältnisse in der Tat nicht reif waren, zumal da der nationale Gedanke von der Mehrheit der Deutschen der Nachkriegszeit in die Rumpelkammer alter Ideologien verwiesen worden war. Beide führende Politiker der damaligen Zeit, Konrad Adenauer ebenso wie Kurt Schumacher, hatten das nationale Interesse für Deutschland im Auge, doch Adenauer hatte unstreitig den richtigeren Instinkt dafür, wie das neue Deutschland am besten wieder zu einem selbständigen und verantwortlichen Partner im Konzert der europäischen Mächte aufsteigen könnte, während Schumacher meinte, die Westintegration der Bundesrepublik bekämpfen zu sollen, um die deutsche Einheit nicht zu verspielen, obwohl diese Einheit unter den sich verschärfenden Bedingungen des Kalten Krieges nicht mehr herzustellen war.

So war die SPD in der Anfangsphase ihrer Existenz in der Bundesrepublik in gewisser Weise zu einer unzeitgemäßen Partei geworden, unzeitgemäß in ihrer Wirtschafts- und Außenpolitik, doch um so zeitgemäßer in ihrem Verlangen nach sozialer Gerechtigkeit und Abschüttelung aller Spuren einer undemokratischen Vergangenheit, Zielsetzungen also, die nicht eben im Vordergrund der CDU-Politik standen.

Die Quittung, welche die deutschen Wähler bei den Wahlen des Jahres 1953 der SPD als Oppositionspartei erteilten, war hart; sie fiel trotz der vor sich gehenden Parteienkonzentration auf bloße 28,8% zurück und konnte dieses Ergebnis auch vier Jahre später nicht wesentlich verbessern, als die CDU bereits die absolute Mehrheit im Deutschen Bundestag errang. Dennoch tat sich die abgeschlagene SPD relativ schwer mit einer personellen und programmatischen Neuorientierung. Immerhin waren diese Wahlniederlagen der notwendige Anstoß für eine grundlegende Reform der Partei, die dann zum Godesberger Programm von 1959 führte. Nach und nach setzte sich auch in der SPD die Überzeugung durch, daß die Partei sich zu einer Art Volkspartei wandeln müsse, wenn sie in der Bundesrepublik überhaupt je zur politischen Macht gelangen wolle. Die wichtigsten Stichworte dieser Reformdiskussion, die im Godesberger Programm ihren formellen Abschluß fand, waren: Absage an die marxistischen Dogmen, Preisgabe der für die Partei noch immer typischen proletarischen Symbolik, Öffnung der Partei über die Arbeiterschaft hinaus mit dem Ziel, die SPD zu einer großen linken Volkspartei zu machen, ferner eine positivere Grundeinstellung zum Privateigentum und zur Marktwirtschaft und ein aufgeschlosseneres Verhältnis zu den Kirchen. In den fünfziger Jahren kam dann langsam auch die Chance für neue Persönlichkeiten, in die Spitze der Parteiführung vorzustoßen. Damals begann der Aufstieg von Fritz Erler zu einer allseits anerkannten Führungspersönlichkeit der parlamentarischen Opposition, von Willy Brandt zu einer nationalen Figur als Regierender Bürgermeister von Berlin und schließlich Parteivorsitzender. So machte die SPD einen langsamen programmatischen und persönlichen Wandlungsprozeß durch, der dann die Voraussetzungen für die Machtübernahme der Partei im Jahre 1969 schuf. Die frühen fünfziger Jahre, die wir hier im Blick haben, waren allerdings noch kaum von solchen Überlegungen bestimmt. Mit Erich Ollenhauer hatte ein eher blasser und bürokratischer Verwalter des Schumacherschen Erbes 1952 die Führung der Partei übernommen, doch bedurfte es vielleicht gerade seiner eher schwachen Ausstrahlung, um die notwendigen innerparteilichen Reformprozesse in Gang zu setzen und die Partei zum Erfolg führen zu können.

Die übrigen Parteien

Dank ihrer betont marktorientierten wirtschaftspolitischen Ausrichtung wurde die FDP in der ersten Regierung Adenauer ein ebenso brauchbarer wie bequemer

Koalitionspartner der Christdemokraten, der mit dazu beitrug, daß in der CDU/CSU die von Adenauer und Erhard vertretene sozialismuskritische Richtung sich fast unangefochten durchsetzen konnte. Die Partei selbst war sich ihres politischen Programms von Anfang an nicht sehr sicher. Sie erwehrte sich zunächst nur mit Mühe — dies galt vor allem für Nordrhein-Westfalen — der Bemühungen einiger Nationalsozialisten, in der FDP Fuß zu fassen, hat aber auch danach eine klare, deutlich konturierte politische Linie nicht recht finden können, eine Schwäche, die ihr bis heute anhaftet. Das lag natürlich an der weitgehenden Übernahme liberaler Grundpositionen durch die beiden großen Parteien in einer durch ein liberales Grundgesetz konstituierten Bundesrepublik, aber auch an dem dieser Partei inhärenten Problem, eine Organisation von schwer zu disziplinierenden Persönlichkeiten zu sein, unter denen herausragende Gestalten freilich eher selten waren. Sie behalf sich darum mit Teilnegationen, der Kritik an „klerikalen Tendenzen" in der CDU/CSU, der Verurteilung „kollektivistischer Tendenzen" in der SPD, obwohl beide Tendenzen in diesen Parteien nie wirklich beherrschend gewesen und in den fünfziger Jahren schon auf dem Rückzug waren. Nach dem sie wenig befriedigenden Wahlergebnis von 1953 machte die FDP dann entschiedenere Anstrengungen, ein eigenes Profil zu gewinnen und sich als eine selbständige Kraft in der Regierung darzustellen, doch dies geschah am Ende um den Preis einer die Substanz schwächenden Spaltung der Partei im Führjahr 1956 — sie erfolgte in Verbindung mit dem Sturz des Ministerpräsidenten Karl Arnold durch eine erste sozial-liberale Koalition in Düsseldorf. Zwar zeigte es sich ab 1961, daß keine der beiden Hauptparteien ohne die kleine dritte Partei regieren konnte, doch wurde die FDP in dieser strategischen Situation mehr, als ihrer inneren und programmatischen Entwicklung gut tat, in immer neue Machenschaften zur Verteidigung ihres Besitzstandes sowohl in der Regierung wie in der Wählerschaft gedrängt, und es war weniger das Vermögen und die Fähigkeit der Partei selbst als die Einsicht der Wähler, die im weiteren Verlauf dafür sorgte, daß die FDP bis heute die Chance erhielt, die möglichen Einseitigkeiten einer Einparteienregierung im Interesse der Allgemeinheit bis zu einem gewissen Grade zu korrigieren.

Immerhin hat die FDP mit *Theodor Heuss* als Bundespräsidenten einen bedeutenden Mann gehabt, der als erstes Oberhaupt des neuen Staates von schwer zu unterschätzender positiver Wirkung für die Herausbildung des Bewußtseins der neuen deutschen Demokratie und ihres Stils gewesen ist. Theodor Heuss war die Verkörperung eines zwar entschiedenen, doch zugleich behutsamen Neubeginns der deutschen Demokratie, und er hat für dieses Amt Maßstäbe gesetzt, die bis heute verbindlich geblieben sind — und die erfreulicherweise in unserer Gegenwart in hohem Maße auch faktisch wieder erfüllt werden.

Die übrigen Parteien kann man in diesem kurzen Überblick vernachlässigen; sie waren in der Mehrzahl auf der rechten Seite des politischen Spektrums angesiedelt und haben insgesamt die CDU, welche die meisten Anhänger dieser kleinen Parteien schließlich für sich gewinnen konnte, im politischen Koordinatensystem noch etwas stärker nach rechts geschoben. Damit entfernte sich das deutsche Parteiensystem in kleinen Schritten, aber doch deutlich erkennbar, von den programmatischen Ausgangspositionen, die die Parteien in den Jahren ihrer Neugründung bzw. Wiedergründung eingenommen hatten. Damit verstärkte sich für die kritischen Beobachter dieser Entwicklung natürlich auch der Eindruck, daß die in den meisten Parteien erkennbaren Ansätze für einen wirklichen Neuanfang in der deutschen Politik mehr und mehr verschüttet wurden und einer vorwiegend an materialistischen Interessen orientierten *Restauration* von Wirtschaft und Gesellschaft Platz machten. Dies kann man — der kritischen Linie der deutschen Intellektuellen folgend — so sehen, sofern man wie diese erwartet hatte, daß nach der Katastrophe des Dritten Reiches eine tiefgehende Selbstreinigung des ganzen deutschen Volkes einsetzen würde mit dem Ziel, in einem neuen Geist und mit völlig neuen Ideen zu einer den Faschismus total überwindenden, alle Bürger einbeziehenden wahrhaften demokratischen Neuordnung zu kommen. In Wirklichkeit knüpften die meisten politischen Gruppierungen von damals an die durch die Erschütterung des Nationalsozialismus bereinigte Erfahrung der Weimarer Zeit an, und natürlich war es auch in erster Linie das politische Personal aus den Zeiten der Weimarer Republik, das zunächst die Führungspositionen in den politischen Organisationen und dann auch im Staate übernahm.

Verbände und soziale Machtgruppen

Die soziale Differenzierung und Organisation der Gesellschaft in Gestalt der Verbände konnte sich unter den Bedingungen der Besatzungsherrschaft zunächst nur auf die begrenzten territorialen Wirkungsmöglichkeiten der Zonenherrschaft beziehen, d.h. die *Bundes*organisationen der Industrie und der Arbeitgeber sowie der Gewerkschaften und sonstigen Verbände traten erst mit der Gründung der Bundesrepublik ins Dasein. Dabei hatten die Unternehmerorganisationen, zumal in den relativ desolaten wirtschaftlichen Verhältnissen der unmittelbaren Nachkriegszeit, größere Mühe, sich zu organisieren und Einfluß zu gewinnen, während die Besatzungsmächte den Gewerkschaften zunächst etwas mehr Bewegungsfreiheit einzuräumen schienen. Im Grunde kam es jedoch zu einer relativ parallelen Entwicklung beider und zwar in dem Maße, in dem das Wirtschaftsleben wieder besser in Gang kam, wobei sich zwischen Arbeitgeberverbänden und Arbeitnehmerorganisationen in zahlreichen Fällen übereinstimmende Zielsetzungen ergaben, so insbesondere beim Kampf gegen die Demontagen. Ziemlich bald wurden jedoch auch die Konfliktlinien der künftigen Auseinandersetzung deutlich, etwa bei dem von den Arbeitgebern zurückgewiesenen Begehren der Gewerkschaften, in den Wirtschafts- und Handelskammern paritätisch mitvertreten zu sein.

Wesentlich für die Entwicklung der deutschen *Gewerkschaftsbewegung* wurde das Drängen nach der Einheitsgewerkschaft, die auch mit gewissen Abstrichen realisiert wurde. Der DGB wurde im Oktober 1949 als Dachverband von 16 auf ihre Autonomie pochenden Industriegewerkschaften nach dem neuen Prinzip der Einheitsgewerkschaft gegründet. Er trat mit einem Programm an die Öffentlichkeit, das auf eine grundlegende Neuordnung der gesamten Wirtschafts- und Sozialordnung im Sinne der schon in der Weimarer Zeit entwickelten Ideen einer Industriedemokratie abzielte. Es war von den damaligen Vorstellungen der SPD aber auch gewissen Tendenzen in der CDU der ersten Nachkriegsjahre nicht weit entfernt und legte besonderen Wert auf eine an der Bedarfsdeckung orientierte *Wirtschaftsplanung,* auf die Möglichkeit zur Schaffung von *Gemeineigentum* und insbesondere auf die Verwirklichung der *Mitbestimmung* in allen Wirtschaftsbereichen. Im Bereich der Mitbestimmung gelangt den Gewerkschaften 1951 durch die Einführung der paritätischen Mitbestimmung in der Montanindustrie ein erster Durchbruch, der allerdings auf diesen Industriebereich beschränkt blieb, bis dann in den siebziger Jahren unter gewandelten Bedingungen eine allgemeine Mitbestimmungsregelung, wenn auch nicht unter Berücksichtigung des Grundsatzes der vollen Parität, durchgesetzt werden konnte.

Gemessen an dem gewerkschaftlichen Programm hat sich die Bundesrepublik in der Ära Adenauer natürlich in eine ganz andere Richtung entwickelt, als diese es wünschten. Die Gewerkschaften hielten zwar ihre Forderungen nach einer wirtschaftlichen Neuordnung noch lange aufrecht, doch ließen sie es auch, ohne mehr als verbal zu protestieren, geschehen, daß sich die Aktivität fast ausschließlich auf den ihnen zur Mitgestaltung überlassenen Bereich der Tarifautonomie beschränkte. Auf diesem Weg wurden sie zu einer der wichtigsten, aber zugleich dem System voll integrierten Kräfte des neuen deutschen Pluralismus. Deshalb ist in der historischen Literatur über die Gewerkschaften die Klage mancher Autoren nicht verstummt, die Gewerkschaften hätten es damals versäumt, ihre antikapitalistische Politik entschiedener durchzusetzen und statt dessen ein systemkonformes Verhalten an den Tag gelegt, das dazu beigetragen hätte, die sozialstrukturellen Verhältnisse der Bundesrepublik, die sich in der Phase des Wirtschaftsaufschwungs voll auszuprägen begannen, zu zementieren und damit selbst zu jener Restauration der kapitalistischen Besitzverhältnisse beizutragen, die sie in ihren Programmen des Anfangs so entschieden bekämpft hatten. So sprechen die einen, die von der Nachkriegsentwicklung eine grundlegende Wandlung auch der sozial-ökonomischen Struktur erwartet hatten, mit Vorliebe von einem Versagen der Gewerkschaften nach 1945, während die anderen darin einen wesentlichen Beitrag zur Entfaltung der deutschen Wirtschaftskraft und zur Stabilisierung der sozialen und wirtschaftlichen Verhältnisse sahen. Keine Regierung, auch nicht die Regierung Adenauers, konnte die Interessen der deutschen Massengewerkschaft völlig ignorieren, doch ist es in den Jahren der Ära Adenauer im wesentlichen gelungen, den Anspruch der deutschen Gewerkschaften, eine über rein wirtschaftliche Belange hinausweisende soziale und politische Bewegung zu sein, faktisch in die Schranken zu verweisen und die Gewerkschaften zu einer auch das gesamtwirtschaftliche Wohlergehen berücksichtigenden Interessenorganisation im wohlfahrtsstaatlichen Kapitalismus zu machen.

Wie man diese Entwicklung beurteilt, ist natürlich eine Frage des politischen Standpunktes. Festzuhalten bleibt, daß bereits in der Mitte der fünfziger Jahre in der Bundesrepublik ein an allgemein anerkannten Spielregeln ausgerichtetes und durch einen Konsensus über die gemeinsamen Verfassungsprinzipien orientiertes *pluralistisches System* entstanden war, das sich auch in der weiteren Entwicklung der Bundesrepublik so erhalten und stabilisiert hat, ohne je einem Immobilismus zu verfallen. Zusammenfassend läßt sich sagen: „Die Gewerkschaften entschieden sich für eine reformistische Haltung und haben in diesem Sinne eine wichtige Integrationsfunktion beim Wiederaufbau des Kapitalismus ausgeübt. Den Widerspruch zwischen dem Radikalismus der sozialistischen Neuordnungsvorstellungen und ihrer affirmativen Wiederaufbaupraxis konnten sie nicht lösen.“[1]

In einer Rede, die er in den frühen sechziger Jahren in den Vereinigten Staaten hielt, um seine Hörer mit den Besonderheiten der deutschen Demokratie und Politik bekannt zu machen, sagte der sozialdemokratische Abgeordnete Fritz Erler: „Das Vorhandensein starker Gewerkschaften und einer starken sozialdemokatischen Partei brachte die regierende Mehrheitspartei dazu, die deutsche Sozialgesetzgebung auf wichtigen Gebieten zu modernisieren. Es bleibt in dieser Hinsicht noch viel zu tun, doch bietet das Wirtschaftsgefüge Westdeutschlands heute ein ganz anderes Bild als unter dem kapitalistischen System des 19. Jahrhunderts. Die Gewerkschaften erkennen dies an — nicht zuletzt, weil ihre eigene Tätigkeit dazu erheblich beigetragen hat. Die westdeutschen Gewerkschaften sind Organe der Demokratie.“[2]

Ein breiter Verfassungskonsensus

Für das neue Parteiensystem, das sich in diesen Jahren in seiner die spätere Entwicklung bestimmenden Form herausschälte, wie auch für das System der Verbände, die mit der wirtschaftlichen Erstarkung der Bundesrepublik eine immer größere Rolle im wirtschaftlichen und auch politischen Leben zu spielen begannen, hatte sich ein tragfähiges, sie lückenlos inkorporierendes neues politisches System etabliert, das, ungeachtet der beständigen und oft heftigen politischen Konflikte, durch einen tiefen und starken *Verfassungskonsensus* geprägt war. Für alle das System ausmachenden und es gestaltenden Parteien und großen Verbände galt die Verpflichtung auf die Demokratie als eine neue unumstößliche, mit Leben und Inhalt zu erfüllende politische Ordnung, aber in diesem System trat das *Volk* als Souverän und Träger dieser Demokratie außerhalb seiner organisierten Gliederung in Parteien und Verbänden und seiner Funktion als Wahlorgan so gut wie

---

[1] So Walther L. Bernecker in: Becker — Stammen — Waldmann (Hrsg.), Vorgeschichte der Bundesrepublik Deutschland, München 1979, S. 287.

[2] Fritz Erler, Demokratie in Deutschland, Stuttgart 1966, 2. Aufl., S. 46 f.

nicht in Erscheinung. Adenauer hat für die Bundesrepublik die Idee der *rein repräsentativen Demokratie* auch faktisch durchgesetzt und seine Politik im wesentlichen im Zusammen- und Widerspiel mit den führenden Persönlichkeiten der repräsentativen Organisationen des neuen Staates koordiniert. Es waren zwar die Wähler, die ihn ab 1953 in seiner tendenziell anti-partizipatorischen Auffassung von Politik immer wieder neu legitimierten, aber es ist auch im Rückblick nicht übertrieben festzustellen, daß es sich um eine demokratische Ordnung mit stark elitären und autoritären Zügen handelte, in welcher die Idee und noch weniger die Praxis der demokratischen Partizipation nur einen höchst geringen Stellenwert besaßen. Adenauers Demokratie war vor allem *eine Demokratie der Institutionen,* ein flexibles Arrangement der institutionellen Träger des staatlichen, politischen und wirtschaftlich-sozialen Lebens, keine Demokratie der Bürger und noch weniger eine Demokratie nach dem Geschmack von demokratischen Intellektuellen. Es war eine Sicherheit und wachsenden Wohlstand produzierende politische Ordnung, die durch Adenauers Autorität, die Klarheit seiner politischen Zielsetzungen und durch das relativ verantwortliche Funktionieren ihrer wichtigen Institutionen im politischen und sozialen Bereich, in einem relativ ruhigen Fahrwasser gehalten werden konnte, der es jedoch versagt blieb, auch in den Herzen der Bürger genügend tiefe Wurzeln zu schlagen. Immerhin ist es diesen Aufbaujahren zu danken, daß sich in der Bundesrepublik eine starke institutionelle Struktur ausbildete, die auch noch einigermaßen tragfähig blieb, als die für die Anfangsphase der Bundesrepublik bestimmenden Wertorientierungen sich abschwächten und neue, weitergehende Forderungen, die teilweise auch rein materielle Interessen überstiegen, an Staat und Gesellschaft herangetragen wurden.

Es besteht ein auffallender Kontrast zwischen der Heftigkeit der Auseinandersetzungen über die Politik und die Leistungen Adenauers in den Zeiten seiner eigenen Regierung und der Betrachtung und Würdigung dieser Leistungen aus einer größeren historischen Distanz. Auch die erbittertsten Gegner der Adenauerschen Politik der damaligen Zeit, die Sozialdemokraten, haben der beherrschenden Gründerpersönlichkeit der Bundesrepublik längst ihre Reverenz erwiesen und seine große historische Leistung gewürdigt, während damals Vorwürfe wie die einer autoritären Kanzlerschaft, eines unzureichenden Bruchs mit den Kräften und dem Geist der Vergangenheit, einer sträflichen Mißachtung der Funktion parlamentarischer Opposition sowie der kritischen Rolle der öffentlichen Meinung und anderes mehr damals in vieler Munde waren. Adenauer war es, der den Anfängen der deutschen Demokratie tatsächlich ein autoritäres Image verpaßte; den unbestreitbaren Erfolgen seiner Wirtschafts- und Sozialpolitik in einer fast desparaten Ausgangslage ist es zuzuschreiben, daß die sich langsam ausprägende *politische Kultur* der Bundesrepublik eine starke materialistische Note erhielt; er hat, ohne es zu wollen, durch den deutlich konservativ-bürgerlichen Charakter, den er der zweiten deutschen Demokratie aufprägte, schließlich jene Gegenbewegung miterzeugt, die in den sechziger Jahren eine Wendung in der deutschen Politik und Gesellschaft herbeiführte. Diese Wendung war zwar hie und da begleitet von gefährlichen Ausbrüchen aus dem Verfassungskonsens, von törichten Infragestellungen des Gesamtsystems und der unter Adenauers Führung geschaffenen Wirtschafts- und Sozialordnung, aber sie hat die durch ihn geschaffenen und von allen wichtigen repräsentativen Trägern mitgestalteten Grundlagen dieser Ordnung im Ernst nicht antasten können, vielmehr zu einer gewissen Verlebendigung und Vertiefung des demokratischen Elements im politischen System der Bundesrepublik beigetragen. Unter diesem Blickwinkel erscheint das Werk der sozial-liberalen Koalition ab 1969 als notwendige Ergänzung und, wenn man so will, Vervollständigung der deutschen Demokratie. Es zeigt sich auch unter den gegebenen politischen Bedingungen einer neuen christdemokratisch-liberalen Koalition, daß eine Wende zurück zu den Grundlagen der Adenauer-Ära und den für sie bestimmenden Prinzipien und Werten nicht mehr so ohne weiteres gelingen kann und darum oft wie hohles Gerede anmutet.

Herrschaftssystem und Führungseliten

Der Begriff Herrschaftssystem klingt etwas zu mächtig, um die formativen Vorgänge zu bezeichnen, die sich in den ersten Jahren der Bundesrepublik vollzogen, doch hat sich unstreitig in dieser frühen Phase der Republik die Herrschaftsstruktur der Bundesrepublik in Gestalt einer pluralistisch organisierten Demokratie herausgebildet; sie war in der Mitte der fünfziger Jahre bereits so gefestigt, daß es erhebliche Veränderungen an dieser Struktur nicht mehr gegeben hat. Im politischen Bereich im engeren Sinne schälte sich das Phänomen des *Parteienstaates* heraus. Er fand seinen Rückhalt nicht nur in den Notwendigkeiten der politischen Organisation in einer Demokratie und der sich laufend verstärkenden positiven und stabilisierenden Entwicklung des Parteiensystems im ganzen, sondern auch in der Verfassung selbst und in der sie beurteilenden und analysierenden Verfassungsgerichtsbarkeit und Wissenschaft.

Anfang der fünfziger Jahre hörte ich an der Universität Freiburg/Br. den ziemlich bekannt gewordenen Vortrag von Wilhelm Grewe zu der Frage „Parteienstaat oder was sonst?“ Es war eine rein rhetorische Frage, denn es war schon damals völlig klar, daß es zum Parteienstaat keine ernsthafte Alternative gab. Einflußreiche Wissenschaftler wie der spätere Bundesverfassungsrichter Gerhard Leibholz haben dann auch einiges — vielleicht zu viel des Guten — dafür getan, die Notwendigkeit und demokratische Legitimität des Parteienstaates mit aller Entschiedenheit theoretisch zu begründen. Parteienstaat bedeutete, daß das Volk sich durch seine Parteien regiert, daß alle politischen Willensbildungsprozesse auf die Parteien zulaufen und mit ihrer Hilfe in den staatlichen Willensbildungsprozeß transformiert werden. Es bedeutete aber auch den Versuch der politischen Parteien, sich in der Gesellschaft zu verankern und als Transmissionsriemen für die Umsetzung gesellschaftlicher Ansprüche, Interessen und Bedürfnisse in den politischen Prozeß zu dienen. Dies ist damals noch eher der Fall gewesen als in den späteren Jahren der Bundesrepublik, in denen eine Tendenz des Parteiensystems, sich gewissermaßen oberhalb der Gesellschaft zu etablieren, bürokratisch zu verfestigen und von dieser Warte aus in die Gesellschaft einzugreifen, immer spürbarer wurde, was unserer Demokratie nicht unbedingt förderlich gewesen ist, wie gerade die jünste Entwicklung mit ihren gegen das etablierte Parteiensystem gerichteten Tendenzen offenbart hat.

Es wuchs jedoch nicht nur der Parteienstaat, sondern auch der *Verbändestaat.* In jener Zeit stellte Theodor Eschenburg bereits mir großem Ernst die Frage nach einer „Herrschaft der Verbände?“ Eschenburg verurteilte nicht ihre Entwicklung und die Bemühungen der Verbände um politische Einflußnahme auf den politischen Willensbildungsprozeß; ihn bekümmerte die um sich greifende Selbstverständlichkeit, mit der die Verbandsinteressen im Staatsapparat selbst aktiv wurden. An dieser Situation hat sich prinzipiell nichts geändert, und die in der Politischen Wissenschaft immer wieder erörterte Frage nach einer besseren Kontrolle des weitgehend im Dunkel sich vollziehenden Verbandseinflusses ist bis heute weitgehend unbeantwortet geblieben.

Die neue deutsche Politikwissenschaft, die sich ab den fünfziger Jahren immer kräftiger zu entfalten vermochte, und einen gewissen Einfluß auf die Theorienbildung in der Bundesrepublik und auf das Bewußtsein der politischen Führungsschichten gehabt hat, trug durch die *Pluralismustheorie,* wie sie beispielsweise Ernst Fraenkel entwickelte, nicht wenig zu einer Verankerung des Pluralismus im politischen Bewußtsein der Bundesrepublik bei und damit zu einer größeren Akzeptanz des neuen Regierungssystems, dessen *Output,* d.h. dessen Leistungen und Entscheidungen, aus einem intrikaten Zusammenspiel gesellschaftlicher und politischer Kräfte resultierte. In der damaligen frühen Zeit waren jedoch primär die jeweiligen Führungskräfte, mit Bundeskanzler Adenauer an der Spitze, die Arrangeure dieses Spiels, und zwar auf Kosten der Pflege einer demokratischen Willensbildung in den entsprechenden Organisationen. Die autoritäre Schlagseite der „Kanzlerdemokratie“ fand somit ihre Entsprechung im tendenziell autoritären Management der Organisationen des repräsentativen Systems. Wichtig ist jedoch in diesem Zusammenhang der Umstand, daß es sich bei diesen Führungsgruppen im wesentlichen um Männer (und gelegentlich schon Frauen) handelte, die, sofern sie nicht selbst eingefleischte Demokraten waren, den Prinzipien und Spielregeln der neuen demokratischen Ordnung bereitwillig folgten. Auch die ökonomische Elite, die mit dem Erstarken der deutschen Wirtschaft eine zunehmende Bedeutung in der Bundesrepublik erhielt, reihte sich ohne Vorbehalte in die neue pluralistische und rechtsstaatliche Ordnung des Grundgesetzes ein, zumal da sie ihre Interessen darin bestens gewahrt wußte.

Dies gilt im übrigen auch für die Führungskräfte in der deutschen Verwaltung, obwohl das 131er-Gesetz und die gerade auch von Bundeskanzler Adenauer nicht immer mit der notwendigen Delikatesse behandelte Verwendung von Personen, die früher dem Nazistaat gedient hatten, die Restauration obrigkeitsstaatlicher Tendenzen in der Verwaltung zu begünstigen schien. Solche gab es gewiß, aber auch sie wurden nicht beherrschend, und der sich auf alle wesentlichen politischen und gesellschaftlichen Gruppen erstreckende breite Verfassungskonsensus zwang auch diejenigen zur Anpassung und Einordnung, die von ihrer Herkunft her für eine solche Haltung nicht gerade prädestiniert schienen.

Doch nicht so sehr die restaurative politische Gesinnung als vielmehr ein autoritäres, am hierarchischen Prinzip ausgerichtetes *Verhalten* mit einigen Charakteristika eines traditionellen Patriarchalismus prägte die Anfangsjahre der zweiten deutschen Republik. Es war eine Demokratie mit konservativem Anstrich, in der traditionelle Führungs- und Karrieremuster eine positive Verbindung mit den Prinzipien einer demokratischen Ordnung eingegangen waren und die als rein repräsentative Demokratie die Züge einer demokratisch legitimierten Elitenherrschaft ansichtrug. Es war darum nur natürlich, daß nach der Ära Adenauer, der gerade in seiner Person jenen demokratischen Patriarchalismus überzeugend verkörperte, das Interesse an einer stärkeren Demokratisierung der Gesellschaft in der Bundesrepublik zum Zuge kam, auch wenn in dem ab 1967 einsetzenden Aufstand gegen die etablierte und repräsentative Ordnung maßlose Übersteigerungen vorkamen und Aggressivitäten freigesetzt wurden, die das erreichte hohe Maß an demokratischer Stabilität und institutioneller Festigkeit zeitweilig infrage stellten. Dabei spielt auch der Rückgriff auf radikal-demokratische und z.T. totalitäre politische Orientierung eine gewisse Rolle.

Gewiß kann man sagen, daß diese Art von „geführter Demokratie“ in Verbindung mit der Festigung des Parteien- und Verbändestaates es der Masse der Deutschen erleichtert hat, in dieser neuen Demokratie, zumal da sie wirtschaftlich so erfolgreich war, eine Ordnung zu sehen, zu der sie keine bessere Alternative wußten und auch keine mehr haben wollten, doch es ist für mich nicht unbedingt zwingend anzunehmen, daß diese zeitweilige autoritäre Ausprägung des demokratischen Lebens mit ihrer verstärkten Betonung der repräsentativen Institutionen eine notwendige Voraussetzung für das Gelingen des demokratischen Experiments in der Bundesrepublik gewesen sei. Man hätte sich auch vorstellen können, daß die deutsche Demokratie von Anfang an mit etwas mehr basisdemokratischem Öl gesalbt gewesen wäre, und es nicht unbedingt des Zwischengliedes einer mehr autoritären Demokratie bedurfte, um den Übergang Deutschlands aus der Vergangenheit des Totalitarismus in die demokratische Zukunft zu bewerkstelligen.

Doch das sind Spekulationen. Als wichtige historische Leistung bleibt festzuhalten, daß es in diesen Jahren gelungen ist, ohne tiefgreifende Veränderungen der Sozial- und Wirtschaftsstruktur das stabile Gebäude einer funktionierenden Demokratie aufzurichten, das dann stark genug war, die nachfolgenden Injektionen mit demokratisierenden und provozierenden Substanzen positiv zu verarbeiten. Auf jeden Fall gilt, war Richard Löwenthal hierzu vermerkt hat: „Zum ersten Mal in der deutschen Geschichte akzeptieren die besitzenden Oberschichten, die beamteten Träger der staatlichen Exekutive, die in der Mehrheit der ersten deutschen Republik von Beginn an als Feinde gegenübergestanden hatten, die demokratischen Regeln mit der gleichen Selbstverständlichkeit, wie dies in den angelsächsichen Demokratien der Fall ist."

Im Rückblick auf diese 30 Jahre zurückliegende Periode erkennt man sehr gut, warum die deutschen Intellektuellen und diejenigen, die sich von der Neuordnung die Entstehung eines ganz neuen Deutschlands erhofft hatten, in diesen Jahren so unzufrieden und enttäuscht waren und deshalb die Entwicklung schon sehr früh als teilweise mißglückt und restaurativ beurteilten.

Adenauer hatte die Deutsche Republik nach außen in den Westen integriert und nach innen in den „CDU-Staat" geführt, aber innerhalb dieses Rahmens auch die institutionellen Voraussetzungen gesichert, die später eine Ablösung dieses CDU-Staates durch andere politische Gruppen und Interessen möglich machten, ohne daß die Republik deswegen bedrohlich erschüttert wurde. Sein Werk des Aufbaus der repräsentativen Demokratie und der Stabilisierung ihrer zunächst elitär gemanagten Institutionen hat sich, wenn man so will, erst im Machtwechsel des Jahres 1969 vollendet, und zwar vollendet durch die Realisierung neuer politischer Inhalte und Wertorientierungen auf der Basis eines demokratischen Institutionsgefüges, welches die neuen Herausforderungen annehmen und politisch umsetzen konnte, ohne die großen Linien seines Werkes und die davon ausgehende Kontinuität ernsthaft in Frage zu stellen.

WILHELM G. GREWE

VON DER BESATZUNGSHERRSCHAFT ZUR SOUVERÄNITÄT DER BUNDESREPUBLIK DEUTSCHLAND

Am 30. Januar 1945 verließ ich „klammheimlich“ das schwer zerstörte Berlin, um nicht in den letzten Monaten eines Krieges, den ich vom ersten Tage an für ebenso sinnlos wie verbrecherisch gehalten hatte, in den Reihen des Volkssturms oder in einem letzten Aufgebot der Wehrmacht zu sterben, nachdem man mich 5 Jahre lang für wehruntauglich erklärt hatte. Bis zum 8. Mai, dem Tage der bedingungslosen Kapitulation, trieb ich mich illegal im Untergrund in Thüringen und Süddeutschland herum, um das absehbare Ende des Dritten Reiches abzuwarten.

Die erste, sehr persönliche Entscheidung, die ich damals zu treffen hatte, galt der Frage, unter welcher Besatzungsmacht ich nach dem endgültigen Zusammenbruch leben wollte. Ich habe keinen Augenblick geschwankt: keinesfalls wollte ich unter sowjetische Militär-Administration geraten; wenn schon Besatzungsregime, dann sollte es ein westliches sein, am besten das amerikanische. Da ich befürchtete, daß Thüringen in die östliche Besatzungszone fallen könnte, ging ich nach Württemberg in ein schwäbisches Dorf zwischen Stuttgart und Ulm. Dort wurde ich erwartungsgemäß von amerikanischen Panzerspitzen und Armee-Einheiten überrollt, noch vor der Kapitulation, an den Ostertagen 1945.

Wenn Sie nach den Gründen für meine Entscheidung fragen, so lautet die Antwort darauf ebenso, wie ich sie heute geben würde: Ich wollte nach 12 Jahren brauner Diktatur nicht unter einer roten Diktatur leben; in einem System, in dem die Freiheit des einzelnen nichts und das menschliche Leben wenig gelten würde; in dem es keine geistige Freiheit geben würde und Dissidenten für viele Jahre oder für immer in Straflagern, psychiatrischen Kliniken oder abgelegenen Verbannungsorten verschwinden würden; in dem eine Teilnahme am politischen Leben nur durch bedingungslose Unterwerfung unter eine versteinerte, dogmatische und der Wirklichkeit seit Jahrzehnten entfremdete Ideologie und unter eine diese Ideologie verwaltende und manipulierende — und dazu noch korrupte — Parteibürokratie möglich sein würde; in dem eine zentralisierte Planwirtschaft zu einer nie endenden Kette von Krisen, Mangelerscheinungen und Mißwirtschaft führen würde.

Auf der anderen Seite war ich weit davon entfernt, mir ein idealisiertes Bild von Amerika und den Amerikanern zu machen. In den 20er und 30er Jahren hatte ich mich durchaus von einer in Deutschland damals aufkommenden kulturkritischen Stimmung beeindrucken lassen, die die „Amerikanisierung“ unseres geistigen und sozialen Lebens beklagte: die Verflachung des geistigen Lebens in einer Massengesellschaft, die von der Jagd nach dem Dollar besessen schien; ein oft heuchlerisches Gleichheitspathos, das mit brutaler Rassendiskriminierung einherging; die bornierte Arroganz von der alle anderen Lebensformen übertreffenden Überlegenheit des „American way of life"; die Bigotterie einer Religiosität, die oft mit völliger Unempfindlichkeit für soziales, menschliches Elend verbunden war. Später waren auch die Methoden der amerikanischen Kriegführung, von Dresden bis Hiroshima, nicht dazu angetan, Sympathien zu wecken.

Trotz aller kritischen Skepsis, die sich daraus ergab, zweifelte ich keinen Augenblick, wohin ich mich wenden würde, wenn es keinen dritten Weg gab; und daß ein solcher in der neuen Mächtekonstellation nach 1945 utopisch war, war damals so offenkundig wie heute.

Aber nicht jeder hatte damals noch soviel Handlungsspielraum, daß er überhaupt in der Lage war, eine solche Wahl zu treffen. Wer das noch konnte, nahm damit für seine Person eine Entscheidung vorweg, die später kollektiv zu treffen war — allerdings wiederum nur von jenen Volksteilen, die noch einen freien Entscheidungsspielraum hatten. Alle, die in der damaligen sowjetischen Besatzungszone lebten, konnten sich für den Westen nur entscheiden, wenn sie Wohnort, Heimat, Beruf und häufig auch Angehörige zu verlassen bereit waren. Wer in den westlichen Besatzungszonen lebte und sich nach einem kommunistischen System sehnte, mußte unter ähnlichen Bedingungen in die SBZ gehen.

Einen wesentlichen Unterschied allerdings gab es hinsichtlich des Entscheidungsspielraums: wenn auch die in den West-Zonen lebenden Deutschen nicht für einen Anschluß ihres Wohngebietes an die SBZ und das dort herrschende politisch-gesellschaftliche System optieren konnten, so wurden sie im Laufe der Besatzungszeit doch mehrfach vor die Frage gestellt, ob sie der endgültigen Entscheidung für den Anschluß an den Westen ausweichen wollten, ob sie sie aufschieben wollten in der Hoffnung, später für ein von den westlichen wie von den östlichen Großmächten gleichermaßen unabhängiges Gesamtdeutschland votieren zu können — oder ob sie diese Hoffnung für so irreal oder doch für soweit entfernt in einer unübersehbaren Zukunft liegend hielten, daß sie es vorzogen, für die nähere Zukunft aus eigenem Entschluß und mit weitreichenden Konsequenzen für den Westen zu optieren — für den europäischen Zusammenschluß (der nur ein west-europäischer sein konnte), für die Zusammenarbeit mit den Vereinigten Staaten, für die weitgehende Integration in das westliche Verteidigungs- und Wirtschafts-System.

I. Die Grundentscheidungen von 1948/49 und 1951/52: Staatsgründung und Westverträge

Ich will hier nur an zwei geschichtliche Augenblicke erinnern, an denen diese Entscheidung getroffen werden mußte: 1948/49, als die westlichen Besatzungsmächte die Ministerpräsidenten der westdeutschen Länder aufforderten, eine verfassunggebende Versammlung einzuberufen, die auf dem Gebiet der westlichen Besatzungszonen einen deutschen Staat errichten sollte. Und 1951/52, als dieser inzwischen konstituierte Staat, die Bundesrepublik Deutschland, zu entscheiden hatte, ob er zugleich mit der Beendigung des Besatzungsregimes und der Erlangung der vollen Souveränität den Eintritt in die westliche Verteidigungs- und Wirtschaftsgemeinschaft vollziehen wollte.

Wenn die Entscheidungen anders, d.h. negativ, ausgefallen wären, welches wären die Alternativen gewesen?

Im Parlamentarischen Rat, der im September 1948 zusammentrat und im Mai 1949 das Grundgesetz verabschiedete, gab es durchaus kritische Stimmen, die davor warnten, einen souveränen westdeutschen Teilstaat zu errichten, weil sie befürchteten, daß damit die staatliche Teilung Deutschlands unwiderruflich gemacht werden würde. Es gab Stimmen, die dafür plädierten, auf Souveränität zu verzichten und solange unter einem Besatzungsregime weiterzuleben, bis sich eine Chance zur Wiederherstellung der staatlichen Einheit Deutschlands bieten würde.

Ähnliches wiederholte sich 1951/52, als es in den Verhandlungen um den Deutschland-Vertrag um Souveränität, Beendigung des Besatzungsregimes und Eintritt in eine EVG ging. Wiederum gab es starke Gegenkräfte, die geltend machten, die enge militärisch-politische Verflechtung mit dem Westen werde alle Aussichten auf eine künftige Wiedervereinigung zunichte machen.

Eine besondere Zuspitzung erfuhr diese Situation 3 Jahre später, als Stalin durch ein suggestiv formuliertes Verhandlungsangebot (in seiner Note vom 8. März 1952) den Versuch machte, den bevorstehenden Abschluß der Vertragsverhandlungen zu torpedieren. Wiederum gab es Stimmen, die dafür plädierten, die Verhandlungen mit den Westmächten zu unterbrechen und erst einmal „auszuloten“, ob Stalins Vorschlag eines neutralisierten Gesamtdeutschland ernst gemeint sei und ob er eine akzeptable Verhandlungsgrundlage für eine Ost-West-Verständigung über Deutschland enthalte. Wer so argumentierte, mußte angesichts der damaligen politischen Gesamtlage (insbesondere auch der innenpolitischen Konstellation in den Vereinigten Staaten und Frankreich) in Kauf nehmen, daß die West-Verhandlungen nicht nur unterbrochen, sondern praktisch beendet sein würden.

Wenn wir heute rückblickend von den „Jahren der Entscheidung“ sprechen und wenn mir von den Veranstaltern dieser Vortragsreihe dieses Thema gestellt worden ist, dann muß es sich in erster Linie um diese beiden Grundentscheidungen von 1948/49 und von 1951/52 handeln. Sie haben die Weichen für die weitere Entwicklung der Bundesrepublik gestellt, und nichts, was später noch geschah, ist von gleichem Gewicht und gleicher Tragweite gewesen.

Gewiß wurden der Deutschlandvertrag von 1952 und der mit ihm verbundene Vertrag über eine EVG nicht ratifiziert. Die EVG scheiterte im August 1954 an der Ablehnung durch die Französische Nationalversammlung. Indessen kam es binnen acht Wochen zu einer Alternativ-Lösung: Die Bundesrepublik Deutschland trat als Vollmitglied der NATO bei, der Deutschlandvertrag wurde in einigen Punkten revidiert, d.h. zu unseren Gunsten verbessert. Zusammen mit dem ebenfalls revidierten Vertrag über die WEU wurde dieses Bündel von Verträgen im Oktober 1954 (unter der Bezeichnung „Pariser Verträge") verabschiedet und bis zum Frühjahr 1955 ratifiziert, so daß die Bundesrepublik am 5. Mai 1955 ihre Souveränität erlangte. So wichtig und so langfristig bedeutsam dieser Schlußakt war, so fehlte ihm doch, was die deutschen Vertragspartner anlangt, das Gewicht einer grundlegenden Entscheidung: die war schon 1952 gefallen, und der Beitritt zu den Pariser Verträgen war nur noch eine ergänzende letzte Konsequenz, die sich aus der Entscheidung von 1952 mehr oder minder zwangsläufig ergab.

In beiden Fällen wurden die Entscheidungen von soliden, durch spätere Abstimmungen und Wahlen verstärkte und bekräftigte Mehrheiten getragen. Ihre Zielrichtung war: für die Errichtung eines deutschen Staates auf dem Gebiete der West-Zonen, der sich als Übergangslösung bis zu einer weiterhin vorbehaltenen gesamtdeutschen Staatlichkeit verstand; für eine enge West-Bindung dieses Staates im Rahmen der europäischen Einigungsbestrebungen und des atlantischen Verteidigungsbündnisses. Dies war während drei Jahrzehnten der Grundkonsens, auf dem sich das politische Selbstverständnis der Bundesrepublik aufbaute.

II. Weimarer Republik, Nationalsozialismus, Zusammenbruch

Heute gibt es, mehr als in früheren Jahren, eine wachsende Tendenz, diesen Grundkonsens in Frage zu stellen, vorerst an den Rändern des politischen Spektrums und in den Altersschichten, für die das Dritte Reich, das Besatzungsregime und die Anfänge der Bundesrepublik schon mehr oder minder graue Vorzeit sind.

Ich spreche zu Ihnen als Angehöriger jener Generation, die das alles persönlich intensiv miterlebt hat und die aufgrund aller dieser Erfahrungen zu jenem Grundkonsens beigetragen hat, auf den sich die Bundesrepublik gegründet hat. Zu diesem Grundkonsens stehe ich auch heute; ich halte die damaligen Entscheidungen für richtig und vernünftig und werde sie auch künftig gegen solche Kritik verteidigen, der es an geschichtlicher Erfahrung ebenso wie an politischem Urteilsvermögen fehlt.

Ich habe als junger Mensch, als Schüler und Student, die Weimarer Republik, besonders in den letzten Jahren ihrer Agonie miterlebt. Ich erinnere mich sehr genau, wie wir — ich ebenso wie meine Altersgenossen — mit wachsender Enttäuschung das Versagen eines parlamentarisch-demokratischen Systems beobachteten, in dem keine regierungsfähigen Mehrheiten mehr zustande kamen; das mit den Problemen der Massenarbeitslosigkeit und der Wirtschaftskrise nicht fertig wurde; das von Korruptionsskandalen geschüttelt wurde und der jungen Generation keine überzeugenden Leitbilder zu vermitteln vermochte. Wachsende Parteienverdrossenheit, Skepsis gegenüber dem parlamentarisch-demokratischen System, Zweifel an der Funktionsfähigkeit der kapitalistischen Marktwirtschaft, Suche nach neuen politischen Lebensformen, häufig getragen von politischen Idealismen und großer Opferbereitschaft; Anfälligkeit für den Gedanken, die Anwendung gewaltsamer Aktionen für gerechtfertigt zu halten, alles dieses häufig mit romantischen und realitätsfernen Wunschvorstellungen vermischt — besonders in den Kreisen der Jugendbewegung und der sogenannten bündischen Jugend, der auch ich angehörte.

Am 30. Januar 1933 und in den folgenden Jahren schieden sich die Geister. Viele, allzu viele, sahen im Nationalsozialismus die rettende Lösung und schwammen mit in dem großen reißenden Strom der sogenannten „Nationalen Revolution", sei es aus Verblendung, aus politischer Kurzsichtigkeit oder aus blankem Opportunismus. Für die anderen begann eine harte, oft grausame Schule der Desillusionierung, der Ernüchterung, der Besinnung — auch darauf, was wir an der Weimarer Republik gehabt hatten. Die Mordnacht des sogenannten Röhm-Putsches 1934, die Nürnberger Rassengesetze von 1935, die „Reichskristallnacht" von 1938, der Überfall auf Polen 1939 waren die herausragenden Etappen dieses Ernüchterungsprozesses, der für eine kleine Gruppe von Entschlossenen zu dem Attentatsversuch vom 20. Juli 1944 führte.

Was immer man an den politischen Vorstellungen der hinter dieser mutigen Tat des Obersten Stauffenberg stehenden Widerstandskreise heute kritisieren mag — und es ist bei manchen Historikern neuerdings Mode geworden, die Konzeptschwächen der Widerstandskämpfer in den Vordergrund zu rücken — diese Tat ist und bleibt ein Ereignis, dessen moralische Bedeutung durch solche Kritik nicht berührt werden kann. Nach dem Scheitern dieses Unternehmens blieb nur noch tiefe Resignation und die Hoffnung auf ein baldiges Ende, wie schrecklich auch immer es sein mochte.

Über das, was uns bevorstand, hatten wir keine Illusionen. Als ich mich im Frühjahr 1945 über Thüringen nach Süddeutschland absetzte, war ich davon überzeugt, daß meine Universitätslaufbahn, die schon im Dritten Reich genügend Schwierigkeiten und Behinderungen ausgesetzt gewesen war, für viele Jahre, wenn nicht endgültig zu Ende sein würde. Auf meinem schwäbischen Dorf gab ich einen improvisierten Ersatzunterricht für Kinder, deren Schulen geschlossen und deren Lehrer eingezogen oder fortgelaufen waren. Nach der Besetzung gab ich schwäbischen Jungbauern Englisch-Unterricht, damit sie sich mit den amerikanischen Besatzungsbehörden und einquartierten Truppen verständigen konnten. Was später werden sollte, lag im Dunkeln. Zu dieser Zeit stritt man sich auf der Pariser Außenminister-Konferenz (im April/Mai 1946) darüber, ob Deutschland — nach amerikanischem Vorschlag — 25 Jahre, oder — nach russischem Vorschlag — 40 Jahre besetzt werden sollte. Die 25 Jahre des amerikanischen Vorschlages wären 1971, die 40 Jahre des russischen Vorschlags 1986 zu Ende gewesen. Bei der völlig unzulänglichen Information, die der deutschen Öffentlichkeit damals von einer lizenzierten und zensierten Presse geboten wurde, wußte niemand, ob man sich dabei in Washington noch von den Ideen des Morgenthau-Planes leiten ließ, der

Deutschland in ein „Land von im wesentlichen landwirtschaftlichen und Weidecharakter“ verwandeln wollte, und ob man in Moskau noch daran festhielt, 80% der deutschen Industriebetriebe zu demontieren und gleichwohl Reparationen in Höhe von 20 Milliarden aus dem besetzten Gebiet herauszupressen.

Vieles wurde dann nicht so schlimm, wie es anfangs ausgesehen hatte; aber vieles war schlimm genug. Um noch eine letzte persönliche Erfahrung zu erwähnen: Im Herbst 1945 hatte ich schon wieder einen Lehrauftrag an der ersten wiedereröffneten Universität der britischen Besatzungszone, in Göttingen. Aber die ersten Jahre der Besatzung blieben hart: es wurde mehr gehungert und gefroren als im Kriege; Kriegsgefangene blieben bis zu 10 Jahren in russischen Lagern; Zivilisten wurden willkürlich verhaftet, summarisch verurteilt und verschleppt. Die politische Säuberung wurde schematisch und ohne Verständnis für das Funktionieren und den Aufbau des NS-Terrorregimes betrieben und traf meist die Falschen. Millionen von Flüchtlingen und Vertriebenen überschwemmten das Land. Enthüllungen über die Greuel der Konzentrationslager, die Nürnberger Kriegsverbrecherprozesse, gut gemeinte, aber verfehlte Umerziehungsbemühungen, eine weltweite Welle des Abscheus, der Verachtung und Feindseligkeit fügten dem deutschen Selbstbewußtsein Schläge zu, die es bis heute nicht bewältigt hat.

Ich bin damit an einem Punkte angelangt, an dem ich meine von persönlichen Erlebnissen und Erfahrungen ausgehende Schilderung der Entscheidungssituationen von 1945, 1948 und 1952 abbrechen und zu einer objektiven Analyse des Besatzungsregimes, seiner Wandlungen und seiner Beendigung übergehen will.

III. Der Charakter des Besatzungsregimes in Deutschland

Wenn man versucht, die wichtigsten Charakterzüge des Besatzungsregimes hervorzuheben, unter dem wir zehn Jahre, von 1945—55, gelebt haben, zeichnen sich die folgenden ab:

Die Grundstruktur des Besatzungsregimes war geprägt durch die Natur des vorausgegangenen Krieges. Dieser wiederum war nicht nur ein Machtkampf zwischen alten und neu aufsteigenden Großmächten, er war zugleich ein Weltbürgerkrieg, wie er für das 20. Jahrhundert kennzeichnend ist: nationale und machtstaatliche Gegensätze waren eng verwoben mit weltanschaulich-ideologischen und gesellschaftspolitischen Gegensätzen: Demokratie und Diktatur, Faschismus und Kommunismus, kapitalistische Marktwirtschaft und sozialistische Planwirtschaft.

Über das Maß von Grausamkeit und Brutalität hinaus, das allen Bürgerkriegen eigentümlich ist, hatte das Hitlerreich dem Kampf Elemente hinzugefügt, die über alles bis dahin Bekannte hinausgingen: Massenvernichtung der Juden, die planmäßige Dezimierung der polnischen Intelligenz-Schichten, der massenweise Hungertod russischer Kriegsgefangener, der Terror und die Mißachtung aller Grund- und Menschenrechte im Umgang mit politischen Gegnern im eigenen

Lande sowohl wie in den besetzten Ländern, die rücksichtlose Zerstörung oder Zerstückelung ganzer Staatswesen — wie des polnischen, des tschechoslowakischen, des jugoslawischen Staates — alles dieses hatte ein Klima der Feindseligkeit, des Hasses, der Brutalität und der Geringschätzung rechtlicher Schranken entstehen lassen, das sich zwangsläufig auch in der Konzipierung des Besatzungsregimes für Deutschland und in seiner Anwendung niederschlagen mußte.

Die Geburt dieses Besatzungsregimes stand daher im Zeichen dementsprechender Leitgedanken:

1) bedingungslose Kapitulation;
2) Aufteilung Deutschlands („dismemberment");
3) Ausrottung von Militarismus und Nationalsozialismus und Umerziehung der Deutschen zur Demokratie;
4) Zerschlagung der industriellen Machtpositionen Deutschlands und innerhalb Deutschlands der großen Industrie-Konzerne.

Diese Leitgedanken wurden ab 1945 auch weitgehend in die Tat umgesetzt, erfuhren jedoch nach einigen Jahren einen Bruch durch eine neue Entwicklung, die dann die zweite Hälfte der Besatzungszeit stark beeinflußte: den Zerfall der Kriegskoalition des Westens mit der Sowjetunion und den Ausbruch des Kalten Krieges.

Die Durchführung der ursprünglichen Leitgedanken hatte zur Folge:

1) die bedingungslose Kapitulation hatte stattgefunden, die zentrale Staatsgewalt des Reichs war ausgelöscht worden, die Besatzungsmächte hatten selbst die Oberste Gewalt übernommen; aber in der neuen Situation stellten sie rasch fest, daß sie ohne Wiedererrichtung einer deutschen Staatsgewalt nicht auskamen.

2) Die Aufteilung Deutschlands, die 1943/44 in den alliierten Planungen für die Nachkriegszeit im Vordergrund gestanden hatte und noch im Punkt 3 des Geheimprotokolls über die Jalta-Konferenz vom Februar 1945 enthalten war, wurde zwar in Potsdam nicht übernommen, sondern durch die „Dezentralisierung der politischen Struktur" und die Behandlung Deutschlands als „wirtschaftliche Einheit" während der Besatzungszeit ersetzt. Die Errichtung von vier Besatzungszonen mit Zonenbefehlshabern, die in ihrem Bereich die Oberste Gewalt mehr oder minder unumschränkt ausüben sollten (unter einem Kontroll-Rat, der hauptsächlich auf „Entscheidungen über die Deutschland als Ganzes betreffenden wesentlichen Fragen" beschränkt war), öffnete jedoch den Weg zur faktischen Auseinanderentwicklung der Zonen, der dann 1949 in der Errichtung zweier getrennter Staaten endete — mit zusätzlich getrennten Status-Entwicklungen für Berlin, das Saarland und die Gebiete jenseits von Oder und Neisse.

3) Entmilitarisierung, Denazifizierung, Umerziehung prägten das öffentliche Klima der ersten Besatzungsjahre. Höhepunkte waren die Nürnberger Prozesse, die politische Säuberung, beginnend mit den von den Besatzungsbehörden verteilten und eingeforderten Fragebogen (mit 131 Fragen), die dann nach einem von ihnen diktierten „Gesetz zur Befreiung von Nationalsozialismus und Militarismus" vom 5. 3. 1946 von deutsche Entnazifizierungs-Spruchkammern durchgeführt wurde

— im Ganzen ein Verfahren der „bürokratischen Inquisition politischer Gesinnung“ mit dementsprechend fragwürdigen Ergebnissen.

4) Die Zerschlagung der industriellen Machtpositionen fand ihren Ausdruck in Demontagen, im Ruhrstatut, in Maßnahmen zur Entflechtung der großen Konzerne, in Reparationslieferungen aus laufender Produktion und mannigfachen Produktionsbeschränkungen.

Beginnend mit dem Scheitern der Vierer-Konferenzen über Deutschland (Moskau und London 1947), und im weiteren dann über die Beschränkung des Marshall-Plans auf den Westen, die Berliner Blockade, die Paralysierung des Kontroll-Rats, die Währungsreform, bis hin zur Konstituierung der Bundesrepublik und der DDR entwickelte sich der Bruch zwischen den Besatzungsmächten, der den Charakter des Besatzungsregimes Schritt für Schritt tiefgreifend veränderte.

1) In Ost und West wurden zwei zentrale Regierungsgewalten gebildet, wenn auch weiterhin der Obersten Gewalt der Besatzungsbehörden unterworfen und mit beschränkter Handlungsfähigkeit. Damit war jedoch eine Entwicklung in Gang gesetzt, die schließlich zum Endpunkt der Wiedergewinnung der Souveränität hinführen mußte.

2) Wenngleich das Gespenst der ursprünglich geplanten Zerstückelung in viele Einzelstaaten, der Dismembration, endgültig gebannt war, so gewann die Zweiteilung Deutschlands doch um so schärfere Konturen, je mehr die Demarkationslinie zum Eisernen Vorhang zwischen Ost und West wurde. Sie war kein Ziel der Besatzungspolitik mehr, sondern ein Faktum, das lautstark bedauert und verurteilt, aber praktisch und häufig mit innerer Zustimmung hingenommen wurde.

3) Die früheren Besatzungsziele der Demilitarisierung, Entnazifizierung und Demokratisierung wurden der neuen Entwicklung angepaßt. Die Entnazifizierung, die sowohl in alliierter wie in deutscher Hand ein Fiasko gewesen war, wurde lautlos begraben. Die Diffamierung der Wehrmacht und aller deutschen Militärtraditionen hörte auf; als Kriegsverbrecher verurteilte Offiziere und Soldaten wurden begnadigt und aus der Haft entlassen; die Bevölkerung wurde allmählich an den Gedanken eines deutschen „Verteidigungsbeitrags“ herangeführt; 1951 wurde ein „Bundesgrenzschutz“ aufgestellt. Die „Demokratisierung“ verwandelte sich aus einem noch zu verwirklichenden Erziehungsziel zu einem bereits gewonnenen Rechts- und Kulturgut, das es gemeinsam mit den Westmächten zu verteidigen galt. Aus den anfangs mit einem Fraternisierungsverbot belegten Besiegten wurden langsam geachtete Mitkämpfer, gesuchte Wirtschaftspartner, europäische Mitbürger, künftige Bundesgenossen.

4) Reparationsentnahmen und Demontagen hörten auf, Produktionsbeschränkungen wurden abgebaut, Entflechtungen verlangsamt oder eingestellt; Wiederaufbau und eine überraschend dynamische Wirtschaftsentwicklung, gefördert durch Marshall-Plan und Währungsreform, wurden mit Respekt verfolgt. Die Ruhrbehörde wurde durch die Hohe Behörde der Montan-Union abgelöst.

Das alles sind Daten und Fakten, die wohlbekannt sind; aber man kann nicht umhin, an sie zu erinnern, wenn man den Übergang vom Besatzungsregime zur Souveränität, zu den Verträgen von Bonn und Paris, schildern soll.

IV. Übergang vom Besatzungsregime zur Souveränität

Dieser Übergang war langwierig und kompliziert, belastet mit schwierigen politischen, psychologischen und juristischen Problemen, die sich aus der besonderen Natur dieses Regimes ergaben. Er begann mit dem Erlaß eines Besatzungsstatuts (8.4. 1949), mit dem die westlichen Besatzungsmächte dem deutschen Verlangen nach einer rechtlichen Normierung entgegenkamen, nachdem die Besatzungsgewalt in den ersten vier Jahren ohne Anerkennung irgendwelcher Rechtsschranken autoritär gehandhabt worden war. Dieser Forderung nach einem — gewisse Grundregeln rechtlich normierenden — Besatzungsstatut hatte ich selbst Anfang 1948 in einer Schrift mit dem Titel „Ein Besatzungsstatut für Deutschland" Ausdruck verliehen, dem Anlaß für einen späteren Verhandlungsauftrag. Der Inhalt des Statuts konnte die deutschen Erwartungen nicht befriedigen, aber es war, wie man heute in solchen Situationen zu sagen pflegt, ein „Schritt in die richtige Richtung", der durch das Petersberger Abkommen (22. 11. 49) und die Revision des Besatzungsstatuts (6. 3. 51) fortgesetzt wurde. Aber die politische Entwicklung im Schatten des Korea-Krieges erforderte weit mehr, und so begannen die Verhandlungen über einen deutschen „Verteidigungsbeitrag", die nicht ohne Beendigung des Besatzungsregimes zum Erfolg führen konnten. Ab Januar 1951 führten Blank, General Heusinger und General Speidel auf dem Petersberg Experten-Gespräche über den militärischen Teil dieses Komplexes; im Mai 1951 erhielt ich den Auftrag, parallel dazu erste Gespräche über die Ablösung des Besatzungsstatuts zu beginnen. Es dauerte ein weiteres Jahr bis zur Unterzeichnung der Bonner Verträge, und dann noch einmal drei Jahre bis zu ihrem Inkrafttreten in der revidierten Fassung der Pariser Verträge.

Warum dauerte dieser Übergangsprozeß so lange? Vor allem deshalb, weil es auf der alliierten Seite drei Partner gab, die sich nur mühsam auf eine für alle akzeptable Form der deutschen Wiederbewaffnung einigen konnten (Europa-Armee oder NATO-Mitgliedschaft); zum anderen, weil es ihnen nicht weniger schwer fiel, eine Einigung über das Ausmaß der Preisgabe ihrer obersten Gewalt (volle Souveränität oder Vorbehaltsrechte) und die Rechtsstellung ihrer verbleibenden Stationierungs-Streitkräfte (Vertragsgrundlage oder vorbehaltenes Recht) zu erreichen; drittens auch deswegen, weil die deutsche Seite ihre Zustimmung zur Leistung eines Verteidigungsbeitrags mit politischen Forderungen verknüpfen mußte, die sie für die deutsche Bevölkerung psychologisch annehmbar machen sollten, die die Westmächte aber nur widerstrebend akzeptierten: volle Souveränität und Beschränkung der vorbehaltenen Rechte auf jenes Mindestmaß, das sich aus dem deutschen

Interesse an der Aufrechterhaltung der Vier-Mächte-Verantwortung für Wiedervereinigung und Friedensvertrag und aus Rücksichten auf die prekäre Situation West-Berlins ergab; Unterstützung einer Politik der Wiedervereinigung; Offenhaltung der Grenzfrage bis zum Friedensvertrag; West-Integration ohne Präjudizierung der Wiedervereinigung; Revision des Vertragswerks bei Wiedervereinigung.

Auf der deutschen Seite gab es dabei schwierige innenpolitische Probleme, die sich aus dem psychologischen Widerstreben gegen die Wiederbewaffnung und Befürchtungen für die Aussichten der Wiedervereinigung ergaben und die von einer starken, damals recht nationalistischen SPD-Opposition gegen die Politik Adenauers genutzt wurden. Endlich war als unsichtbarer Verhandlungspartner stets die Sowjetunion beteiligt: nichts durfte in die Verträge hineingeschrieben werden, was die Rechtsposition des Westens im geteilten Deutschland und in Berlin geschwächt hätte. Ein regionaler Ersatz-Friedensvertrag mußte geschaffen werden, der die Möglichkeit eines endgültigen Friedensvertrages für ganz Deutschland nicht ausschloß.

Alle diese Schwierigkeiten spiegelt das Vertragswerk von Bonn und Paris in seinen Formulierungen und seiner Struktur wider, mit seinen vielen dilatorischen Formelkompromissen und manchen wohlklingenden Leerformeln. Das steht nicht im Widerspruch zu der Tatsache, daß es ein juristisch sorgfältig gearbeiteter Text ist, der sich dadurch von manchen späteren Vertragswerken vorteilhaft abhebt.

Ich kann hier nicht auf Einzelprobleme eingehen, zumal der geistige, wirtschaftliche, politische und sicherheitspolitische Hintergrund dieser Entwicklung in dem Einleitungsvortrag von Hans-Peter Schwarz bereits ausgeleuchtet worden ist und es für mich daher schwierig ist, nicht in eine Wiederholung dessen zu verfallen, was von ihm bereits gesagt worden ist. Es scheint mir sinnvoller, den Gesamtcharakter des deutschen Besatzungsregimes und die Art seiner Beendigung durch einen Vergleich mit einem ähnlichen Phänomen zu beleuchten: mit dem Besatzungsregime in Japan und der Art und Weise, wie es 1951 beendet wurde.

V. Ein Vergleich mit Japan

Mir drängt sich dieser Vergleich nicht nur auf Grund einer mehr als fünfjährigen diplomatischen Tätigkeit in Japan auf, sondern vor allem aus einem wichtigeren, objektiv-historischen Grunde: Adenauer hatte beim Beginn der Verhandlungen von 1951 das japanische Beispiel vor Augen (die Unterzeichnung des Friedens- und des Sicherheitsvertrages von San Francisco fand am 8. 9. 1951 statt).

Lassen Sie mich hier noch einmal einige persönliche Erfahrungen und Erlebnisse einschalten. Am 1. August 1951 rief Adenauer, der einen Urlaub auf dem Bürgenstock am Vierwaldstätter See verbrachte, eine kleine Gruppe von Beratern zusammen, um für die bevorstehenden Verhandlungen mit den drei Hohen Kommissaren eine Marschroute zu entwerfen. Ich hatte bei dieser Gelegenheit über die dreimonatigen Vorverhandlungen zu berichten, die ich auf dem Petersberg geführt hatte. Sie gefielen dem Bundeskanzler sehr wenig. Ihm schwebte ein ganz anderes Konzept für die Ablösung des Besatzungsstatuts vor — nämlich das japanische. Ich erhielt den Auftrag, einen Vertrag mit den drei Westmächten nach dem Muster des Sicherheitsvertrages zu entwerfen, den die Japaner im Begriffe waren, mit den Vereinigten Staaten abzuschließen. Ich bezweifelte nach den Erfahrungen auf dem Petersberg, daß wir uns mit einem solchen Konzept würden durchsetzen können. Adenauer ließ das nicht gelten und bestand auf seiner Auffassung. Für mich war dies nicht nur meine erste Meinungsverschiedenheit, sondern überhaupt meine erste direkte Sachdiskussion mit ihm über das Thema, zu dem man mich nach Bonn gerufen hatte. Ich war der jüngste Teilnehmer an dieser Beratung (35 Jahre jünger als der Kanzler), ein Neuling in Bonn, ohne Parteizugehörigkeit und daher auch ohne politische Unterstützung. Es blieb mir also nichts anderes übrig, als mich — unter Vorbehalt meiner Zweifel — bereit zu erklären, seinen Auftrag in seinem Sinne auszuführen.

Aber es kam, wie ich befürchtet hatte: beim ersten Treffen mit den Hohen Kommissaren legten diese einen völlig anderen Entwurf auf den Tisch, der auf den Weisungen ihrer in New York zu einer Konferenz versammelten Außenminister beruhte. Unser Entwurf, der ihnen erst im letzten Augenblick zugeleitet wurde, hatte demgegenüber keine Chance. Er war sofort vom Tisch. Die Verhandlungen begannen für uns mit einer Niederlage. Gerade deswegen erscheint es mir von Interesse, der Frage nachzugehen, wie sich diese Niederlage ausgewirkt hat — ob sie auch rückblickend als ein Mißgeschick oder gar als Unglück zu beurteilen ist.

Wenn ich dabei die japanische Entwicklung als Vergleichsmaßstab heranziehe, so will ich nicht wiederholen, was ich vor zwei Jahren im Rahmen des Bonner Studium Universale zum Thema „Deutschland und Japan nach dem Kriege — Parallelen und Divergenzen" ausgeführt habe. Heute geht es mir nicht um einen solchen umfassenden historisch-politischen Vergleich, sondern ganz spezifisch um einen Vergleich der beiden Besatzungsregime. Dabei ist es allerdings unvermeidlich, einige Punkte zu berühren, von denen auch damals die Rede war.

Die Ziele, die mit den beiden Besatzungsregimen verfolgt wurden, unterschieden sich nicht grundlegend. Dennoch gab es von vornherein wichtige Nuancen schon bei ihrer Formulierung. Im November 1943 einigten sich die Alliierten — in diesem Falle Roosevelt und Churchill ohne Stalin, aber mit Tschiang Kai Shek — bei ihrem Treffen in Kairo auf eine Deklaration, die (ebenso wie für Deutschland) die „bedingungslose Kapitulation" forderte, im übrigen aber hauptsächlich die Absicht bekundete, Japan seine Eroberungen seit 1914 wieder zu entreißen, und darüber hinaus, bis in die 80er Jahre des 19. Jahrhunderts zurückgehend, alle China geraubten Gebiete diesem zurückzugeben: die Mandschurei, Formosa, die Pescadoren; außerdem sollte Korea die Unabhängigkeit zurückgegeben werden. Wenige Tage später verabschiedeten Roosevelt und Churchill zusammen mit Stalin in Teheran in Bezug auf Deutschland Erklärungen, die sich in ihrem Geist und ihrer

Diktion davon stark unterschieden; besonders die dort formulierte Erklärung über deutsche Grausamkeiten und ihre Bestrafung ließ bereits erkennen, daß Deutschland gegenüber andere, emotionale, durch die NS-Greueltaten und besonders die Judenverfolgung ausgelöste Motivationen starkes Gewicht hatten und die Besatzungsziele prägen würden. In dem an Japan gerichteten Potsdamer Ultimatum vom 25. 7. 1945 wird die Erklärung von Kairo bekräftigt und werden als weitere Besatzungsziele stichwortartig genannt: die Ausrottung des Militarismus, die Bestrafung der Kriegsverbrecher, Aufbau der Demokratie, gerechte Reparationen in Sachwerten, zu diesem Zwecke Erhaltung der die Wirtschaft tragenden Industrien, aber nicht der Rüstungsindustrie. Ähnliche Ziele also, wie sie auch in den Deutschland betreffenden Berliner und Potsdamer Deklarationen von 1945 enthalten waren — ergänzt später noch durch Ziele auf dem Gebiet des Erziehungswesens, der Wirtschaft und der Gesellschaftspolitik.

Um das an den vier sowohl für Deutschland wie für Japan geltenden Hauptpunkten des Besatzungsprogramms zu erläutern:

Wie die „bedingungslose Kapitulation" der deutschen Wehrmacht am 7. und 8. Mai 1945 in Reims und Berlin-Karlshorst aussah, wird uns in diesem Jubiläumsjahr noch häufig in Erinnerung gerufen werden. Davon unterschied sich der Vollzug des Kapitulationsaktes an Bord des amerikanischen Schlachtschiffes „Missouri" in der Bucht von Tokyo am 2. September in sehr charakteristischer Weise. Zwar waren Vertreter aller am Pazifischen Krieg beteiligten Mächte vertreten. Aber die Hauptmasse der japanischen Truppen hatte sich den Amerikanern und Briten ergeben, nur die Armeen in der Mandschurei, Süd-Sachalin und Nord-Korea den Russen. Die in China, Formosa und Nordindochina stehenden Armeen unterwarfen sich Tschiang Kai Shek. Auf der „Missouri" hatte es Außenminister Shigemitsu als Delegationschef nur mit General Douglas McArthur als dem Supreme Allied Commander zu tun. Was McArthur bei dieser Gelegenheit sagte, war frei von Haß und Vergeltungsdrang:

„Wir sind hier versammelt, um ein feierliches Abkommen zu schließen, durch das der Frieden wiederhergestellt werden soll. Die strittigen Fragen, die mit divergierenden Idealen und Ideologien zusammenhängen, sind auf den Schlachtfeldern in der Welt entschieden worden. Es ist nicht unsere Sache, sie zu erörtern. Noch ist es an uns, die wir eine Mehrheit der Völker der Welt repräsentieren, uns in einem Geiste des Mißtrauens, der Böswilligkeit und des Hasses gegenüberzutreten. Vielmehr ist es uns aufgetragen, den Siegern sowohl wie den Besiegten, uns zu jener höheren Würde aufzuschwingen, die allein den geheiligten Zwecken angemessen ist, denen wir dienen, indem wir unsere Völker vorbehaltlos zur getreulichen Erfüllung der Verständigung verpflichten, die sie hiermit förmlich eingehen."

Solche Töne hatte man im Mai 1945 in Europa nicht zu hören bekommen. Während sich Adolf Hitler durch Selbstmord jeder Verantwortung für seine Machtausübung entzogen hatte, begab sich sechs Monate später der japanische Kaiser im Cut und Zylinder zur amerikanischen Botschaft in Tokyo, um dem obersten

Befehlshaber der Besatzungstruppen einen förmlichen Besuch abzustatten — ein für japanische Begriffe unerhörtes Ereignis. Hirohito eröffnete das Gespräch mit der Erklärung:

„Ich komme zu Ihnen, General McArthur, um mich dem Urteil der von Ihnen vertretenen Mächte als derjenige zu präsentieren, der die alleinige Verantwortung für jede getroffene politische und militärische Entscheidung und jede von meinem Volke in der Führung dieses Krieges unternommene Aktion trägt."

Die im Entwurf zum Potsdamer Ultimatum konzedierte Beibehaltung des japanischen Kaisertums war im letzten Augenblick aus dem Text herausgestrichen worden. Die japanischen Militärs wollten jedoch seine Annahme von der Einführung einer Garantie des Kaiser-Systems abhängig machen — der Tenno selbst hat das verhindert. Washington hat sich die Entscheidung noch geraume Zeit offen gehalten; McArthur aber sorgte schließlich dafür, daß der Kaiser weder angeklagt noch zum Rücktritt gezwungen wurde. Er verlor zwar seine politischen Machtbefugnisse und seine göttliche Würde, wurde aber weder gedemütigt noch abgesetzt. Man muß das auf dem Hintergrund der schimpflichen Art und Weise sehen, in der das formelle deutsche Staatsoberhaupt, der von Hitler zum Reichspräsidenten ernannte Großadmiral Dönitz, am 23. Mai 1945 in Flensburg mit seinen Ministern verhaftet und später in Nürnberg vor Gericht gestellt wurde.

Im Unterschied zur deutschen Situation, die durch die Übernahme der obersten Regierungsgewalt durch die Besatzungsmächte gekennzeichnet war, behielt Japan stets sein Staatsoberhaupt und auch eine funktionsfähige Zentralregierung. Die Herrschaft der Besatzungsmacht wurde als „indirect rule" ausgeübt, der einzelne Japaner hatte es nie mit einer Militärregierung zu tun. Zum anderen regierte in Japan de facto immer nur eine einzige Besatzungsmacht — die amerikanische. Zwar gab es zur Steuerung der Besatzungspolitik eine in Washington tagende „Far Eastern Commission" (FEC), der zunächst 11, später 13 Nationen angehörten (die vier pazifischen Hauptmächte, USA, UK, UdSSR und China sowie Australien, Neuseeland, Indien, Frankreich, Kanada, Niederlande, Philippinen, später Burma und Pakistan).

Daneben gab es in Tokyo einen Allied Council for Japan (ACJ), dem nur die Hauptmächte angehörten, wobei Großbritannien zugleich Australien, Neuseeland und Indien vertreten sollte. Beide haben die Besatzungspolitik McArthurs kaum zu beeinflussen vermocht. Der ACJ hatte nur beratende Befugnisse, und McArthur war der Beratung kaum zugänglich. Die FEC konnte zwar mit einfacher Mehrheit Beschlüsse fassen, aber nur bei Übereinstimmung der vier Hauptmächte; war diese nicht zu erzielen, so galten die „interim directions" des amerikanischen Supreme Commander — und dabei blieb es zumeist.

Alles das unterschied sich grundlegend von dem schwerfälligen Mechanismus des Kontrollrates in Berlin und den fast unbegrenzten Machtbefugnissen der vier Zonenbefehlshaber in ihrer Besatzungszone in Deutschland. General Lucius D. Clay, der amerikanische Militärgouverneur, hat sich zwar durch seine Haltung seit der Berliner Blockade auch bei der deutschen Bevölkerung Ansehen und Autorität erworben, aber er hat nie die Machtfülle und die Statur McArthurs erreicht — die eines autokratischen Prokonsuls, dessen Eigenmächtigkeit auch vor dem US-Präsidenten nicht zurückschreckte; der von einem unerschütterlichen Glauben an seine historische Mission in Japan erfüllt war und dabei zu theatralischer Selbstdarstellung neigte; dessen Image als das eines gütigen, von reformerischem Idealismus erfüllten Despoten bei den Japanern bis heute unvermindert fortlebt.

Pläne für eine Aufteilung Japans hat es nie gegeben. Die Gebietsverluste, die ihm auferlegt wurden, machten zwar fast die Hälfte des vor 1932 beherrschten Territoriums aus, aber sie betrafen nicht das japanische Mutterland. Daß Japan das von ihm in eine Art Kolonialprotektorat verwandelte Korea verlieren sollte, stand außer Frage und ist auch vom japanischen Volke ohne jeden Protest hingenommen worden. Das Gleiche gilt für Formosa, das 1885 nach dem Krieg mit China annektiert worden war, für die Südhälfte der Insel Sachalin, die sich Japan infolge der russischen Niederlage im Kriege von 1905 angeeignet hatte, sowie für die auf dem chinesischen Festland eroberten Gebiete, insbesondere die Mandschurei („Mandschukuo"). Die einzigen Gebietsfragen, die in Japan Bitterheit hervorriefen, betrafen die von den Amerikanern als Flotten- und Luftstützpunkt verwaltete und der japanischen Regierungsgewalt vorübergehend entzogene Insel Okinawa (die nach einer wachsenden Protestbewegung und langwierigen Verhandlungen 1972 wieder der vollen japanischen Staatshoheit unterstellt wurde) und vor allem die von den Russen nach ihrem überstürzten Kriegseintritt in den letzten Kriegstagen besetzten und annektierten „Nord-Territorien", d.h. vier Inseln, deren zwei südliche (Habomai und Shikotan) zu Hokkaido, und deren zwei nördliche (Kunashiri und Etorofu) zu den Kurilen gehören. Alle diese Territorialfragen unterscheiden sich in ihrer Dimension tiefgreifend von dem, was dem Gebiet des Deutschen Reiches nach 1945 widerfuhr: Im japanischen Falle handelt es sich, abgesehen von dem Verlust fragwürdiger Erwerbungen fremder und vom Mutterland weit entfernter Gebiete, um vier winzige Inseln ohne große wirtschaftliche und mit nur begrenzter strategischer Bedeutung, auf denen seit 1945 kein Japaner mehr lebt; im deutschen Falle handelt es sich um 17 Millionen Deutsche, die ihres Selbstbestimmungsrechtes und ihrer politischen Freiheitsrechte beraubt sind, um ein Gebiet, das einem Viertel des früheren Reichsgebietes entspricht, und um das Schicksal der geteilten, hinsichtlich ihrer Westsektoren vom Bundesgebiet isolierten und als Ganzes ihrer politischen Funktionen entkleideten früheren Reichshauptstadt. Im umgekehrten Verhältnis zu diesem unterschiedlichen Gewicht der beiden Fragen steht allerdings der Stellenwert, den sie im Bewußtsein der beiden Nationen einnehmen: in Japan wird die nördliche Territorialfrage bis in die Reihen der kommunistischen Partei als eine offene Wunde empfunden; in Deutschland wird die Wiedervereinigungsfrage verdrängt und neuerdings mit der Behauptung abgetan, die deutsche Frage sei nicht mehr offen. Wenn die Mehrheit der Deutschen dem zustimmt, dann ist sie es in der Tat nicht mehr.

Soweit auch Japan entmilitarisiert, demokratisiert und einer politischen Säuberung unterworfen wurde, war doch die angewandte Methode und die Art und Weise ihrer Verwirklichung anders als in Deutschland — und infolgedessen auch die Auswirkung.

Eine die gesamte japanische Bevölkerung erfassende politische Säuberung, wie es in Deutschland die „Entnazifizierung" war, hat es nie gegeben. Während in der US-Besatzungszone in Deutschland allein 13 Millionen Fragebogen ausgegeben wurden, gegen 1/4 der Empfänger Anklage erhoben, 950 000 Verfahren durchgeführt und 600 000 Personen bestraft wurden, kamen in Japan (mit seiner damaligen Bevölkerungszahl von 72 Millionen) auf dem Höhepunkt der Säuberungskampagne im Mai 1948 nur 200 000 Personen für Säuberungsmaßnahmen in Betracht. Ihre Identifizierung lag von vornherein weitgehend in japanischen Händen, die sich nicht beeilten. Während in den verschiedenen Besatzungszonen Deutschlands ganz verschiedene Ziele mit der Säuberung verfolgt wurden (z.B. in der Sowjetzone die Veränderung der Sozialstruktur im Sinne einer kommunistischen Gesellschaftsordnung, in der französischen Zone von nationalen französischen Interessen bestimmte Besatzungsziele), hatten es die Japaner nur mit amerikanischen Direktiven zu tun — die sich jedoch schon 1949 inhaltlich änderten: hatte man in den ersten Jahren Kommunisten begünstigt, so wurden diese nunmehr systematisch aus allen einflußreichen Positionen wieder entfernt.

Im Endergebnis blieb die Säuberung jedenfalls sowohl in ihrem Umfang wie in ihrer zeitlichen Dauer wie auch in ihren Folgewirkungen weit hinter dem zurück, was die Entnazifizierung in Deutschland bewirkte. Während in Japan die politischen Parteien viele führende Köpfe verloren, blieb die Bürokratie ziemlich ungeschoren und hat niemals größeren Einfluß ausgeübt als in der Besatzungszeit — mit der Folge einer viel weitergehenden Kontinuität des politischen Lebens als in Deutschland.

Auch die Verfolgung von Kriegsverbrechern blieb viel begrenzter. Die amerikanische Besatzungsmacht beschränkte sich im wesentlichen darauf, Kriegsverbrecher zu identifizieren und aus ihnen eine Gruppe von „Hauptkriegsverbrechern" auszusondern, die vor Gericht gestellt wurden. Vor dem „Internationalen Militärgerichtshof für den Fernen Osten" wurde im Mai 1946 ein Prozeß eröffnet, der nach zweieinhalbjähriger Dauer im November 1948 mit dem Urteilsspruch gegen 28 sogenannte „Hauptkriegsverbrecher" beendet wurde. Der Prozeß folgte in seinem Verfahren sowohl wie in bezug auf die angewandten Rechtsnormen im wesentlichen dem Vorbild des Nürnberger Gerichtshofes, dessen Verfahren im November 1945 eröffnet und nach zehnmonatiger Dauer im Oktober 1946 abgeschlossen wurde. Das meiste, was für oder gegen diese Art von Gerichtsbarkeit von Siegermächten nach einem gewonnenen Krieg gesagt werden kann, trifft auch für den Prozeß in Tokyo zu. Ich kann die einzelnen Argumente (die wichtigsten habe ich schon 1946/47 publiziert) hier nicht ausbreiten. Außer Zweifel steht wohl, daß die Skepsis im Laufe der vergangenen 35 Jahre immer mehr zugenommen hat, nicht zuletzt unter dem Eindruck zahlloser Angriffskriege, die seitdem stattgefunden haben, ohne daß die Prinzipien von Nürnberg und Tokyo noch ein einziges Mal zur Anwendung gebracht worden wären. Bezeichnend ist, daß eine der letzten Monographien, die über den Tokyoter Prozeß veröffentlicht worden sind, verfaßt von einem amerikanischen Autor (Richard H. Minear) und erschienen in der Princeton University Press 1971, den Titel trägt „Victor's Justice". Dies ist ein Zitat der letzten Worte des im Dezember 1948 nach einem mißglückten Selbstmordversuch gehängten früheren Premierministers Tojo Hideki: „In the last analysis this trial was a political trial. It was only victor's justice" — „Justiz des Siegers". Kein Anflug von Selbstmitleid oder Ressentiment, kein Vorwurf, kein Protest, keine Klage: nur die nüchterne Tatsachenfeststellung — charakteristisch für die Haltung der Japaner diesem Prozeß gegenüber: Der Besiegte muß so etwas hinnehmen; aber es berührt ihn moralisch nicht.

Anstößiger noch als in Nürnberg wirkte in Tokyo die Anwesenheit eines sowjetischen Generals auf der Richterbank, des Vertreters einer Macht, die in den allerletzten Kriegstagen eine Aggression gegen Japan unternahm, um sich ihren Anteil an der Kriegsbeute zu sichern. Ähnlich mußte es wirken, daß Urteile wegen „Verbrechens gegen die Menschlichkeit" von Richtern verhängt wurden, deren Regierungen für *Hiroshima* und *Nagasaki* verantwortlich waren.

Diese Umstände muß man berücksichtigen, wenn man verstehen will, daß die damals gehängten oder zu lebenslänglichen Gefängnisstrafen verurteilten Minister, Generale und Admirale in den Augen vieler Japaner nicht mit Hitler, Himmler, Göring und ähnlichen Figuren zu vergleichen waren.

Der Tokyoter Prozeß blieb, anders als Nürnberg, eine Episode ohne tiefgehende Wirkung. Während sich in Spandau, dem italienischen Gaeta und im niederländischen Breda noch nach 40 Jahren einige Verurteilte in Einzelhaft befanden, wurden die letzten zehn japanischen Verurteilten bereits 1958 aus dem Gefängnis entlassen. Der gleiche Außenminister Shigemitsu, der 1945 die Kapitulation unterzeichnet hatte, wurde schon im November 1950 freigelassen und war 1954 wieder Außenminister. Der spätere Premierminister Kishi saß von 1945 bis 1948 als angeblicher „Kriegsverbrecher" in Untersuchungshaft. Er hatte bis 1952 Berufsverbot. 1960 aber erneuerte er als Premierminister den Sicherheitsvertrag mit den Vereinigten Staaten. Alles dieses zeigt, daß das Problem der sogenannten „Vergangenheitsbewältigung" in Japan anders gelagert ist als bei uns.

Was die „Umerziehung" zur Demokratie anlangt, so war ihr wichtigstes und bis heute wirksames Instrument die den Japanern von der Besatzungsmacht mehr oder minder oktroyierte Verfassung, die noch immer gültig ist und das Spiel der politischen Kräfte reguliert. Hier ist die japanische Situation umgekehrt wie bei den zuvor geschilderten Tatbeständen: eine sehr viel intensivere und tiefergreifende Einwirkung der Besatzungsmacht als bei der deutschen Verfassunggebung von 1948/49. Wenngleich die Militärgouverneure der drei westdeutschen Besatzungszonen im Laufe der Arbeit des Parlamentarischen Rates am Entwurf des Grundgesetzes mehrfach durch sogenannte Richtlinien und durch Einzelinterventionen auf die im Entstehen befindliche Verfassung Einfluß genommen und insbesondere auf eine Verstärkung des föderativen Charakters der Bundesrepublik hingewirkt haben, so bleibt doch das Ausmaß dieses „Fremdeinflusses" auf die Verfassungsgestaltung von 1949 begrenzt und ist bei weitem nicht vergleichbar mit der Einwirkung der amerikanischen Besatzungsmacht auf die Gestaltung der japanischen Nachkriegsverfassung. Diese vom Stab des US-Generals McArthur entworfene und vom japanischen Parlament (mit einigen Änderungen ohne grundlegende Tragweite) 1946 beschlossene Verfassung wird in Japan heute zurecht mit dem Argument kritisiert, daß sie keine eigenständige japanische Verfassungsentscheidung gewesen sei.

Das bedeutet nicht, daß die Japaner die Errichtung einer parlamentarischen Demokratie ablehnen und sie rückgängig machen wollen. Keine der jetzt existierenden japanischen Parteien, mit Ausnahme höchstens der Kommunisten, verfolgt solche Absichten, und auch außerparlamentarische Kräfte, die danach streben, gibt es kaum.

Der innenpolitische Streit um die Verfassung von 1949 hat zu einer Zuspitzung um einen einzigen Verfassungs-Artikel und zugleich zu einer merkwürdigen Verkehrung der Fronten geführt: Paradoxerweise wird nämlich die „McArthur-Verfassung" gerade von den japanischen Oppositionsparteien verteidigt, weil sie in ihrem Artikel 9 das den Japanern 1946 aufgenötigte Wiederbewaffungsverbot enthält. Dieses ist zwar in der Praxis durch die Aufstellung der „Selbstverteidigungskräfte" ausgehöhlt worden, setzt diesen jedoch immer noch Schranken, die wiederum in der Regierungspartei von vielen als überholt angesehen werden, so daß der Ruf nach einer Verfassungsrevision aus deren Reihen kommt. Vergleichbare Auseinandersetzungen um die Verfassung sind uns erspart geblieben. Soweit bei uns der Ruf nach „Verfassungsrevision" ertönte, ging es stets um den Inhalt verfassungspolitischer Prinzipien und ihre Ausgestaltungen, nicht um ihre Herkunft aus einer Fremdbestimmung. Das Grundgesetz war und ist eine im wesentlichen eigenständige deutsche Verfassungsschöpfung.

Bei der Ausrottung des Militarismus hatte die amerikanische Besatzungspolitik in Japan einen Erfolg, der sich als zäher und dauerhafter erwies, als es ihr selbst nach einigen Jahren erwünscht war. Die pazifistische Grundstimmung, die bei der noch unter dem Schock von *Hiroshima* und *Nagasaki* stehenden japanischen Volksmehrheit vorherrschte und die von der amerikanischen Besatzungsmacht in dem von ihr inspirierten Artikel 9 der Verfassung gleichsam festgeschrieben worden war, schloß eine Wiederbewaffnung in ähnlichen Formen, wie sie in Deutschland mit der Europäischen Verteidigungsgemeinschaft und später mit der deutschen Einbeziehung in die NATO angestrebt wurde, aus.

Die Entzweiung der Siegermächte des Zweiten Weltkrieges, die in Europa in der Berliner Blockade zum Ausbruch kam, fand in Asien mit dem Korea-Krieg (der von den Amerikanern als eine von Moskau gesteuerte und gestützte Aktion verstanden wurde) ihre Entsprechung. Wie im deutschen, führte sie auch im japanischen Falle zu einem grundlegenden Wandel der amerikanischen Besatzungspolitik. In beiden Fällen ging es ihr jetzt um einen militärischen Beitrag der beiden besetzten Länder zur Eindämmung einer weiteren kommunistischen Expansion, die man in Washington für eine konkrete und unmittelbare Gefahr hielt.

Da jedoch die Voraussetzungen verschieden waren, beschritt man auch verschiedene Wege und kam zu unterschiedlichen Ergebnissen: Die Normalisierung der Rechtsstellung Japans und die Wiederherstellung seiner Souveränität durch den Abschluß des Friedensvertrages von San Francisco ging früher und reibungsloser vor sich, als dies in Deutschland möglich war, das bis heute keinen Friedensvertrag hat und dessen Souveränität selbst in den Pariser Verträgen von 1954 noch mit letzten Hypotheken belastet blieb, für das aber andererseits diese Pariser Verträge ein stabileres und weniger einseitiges Bündnisverhältnis mit den Vereinigten Staaten und den anderen Partnern der Atlantischen Allianz herstellten, als dies der japanische Sicherheitsvertrag mit den Vereinigten Staaten von 1951 (auch in seiner erneuerten Fassung von 1960) vermochte. Dieser besagte, daß die beiden Vertragsschließenden sich zur gegenseitigen Hilfe und Zusammenarbeit bei der Aufrechterhaltung und Entwicklung ihrer Fähigkeit zum Widerstand gegen einen bewaffneten Angriff verpflichten. Darüber hinaus erkannten sie an, daß sie einen Angriff auf den andern Vertragspartner innerhalb des japanischen Hoheitsgebietes (d.h. praktisch auf japanisches Territorium oder auf amerikanische Stützpunkte in diesem Territorium) als Gefährdung ihrer eigenen Sicherheit ansehen und die ihrer Verfassung entsprechenden Maßnahmen zur Abwehr der Gefahr treffen würden. Beide Seiten behalten sich also im Grunde volle Handlungsfreiheit vor. Auch für den Kriegsfall war keinerlei Koordinierung ihres Handelns vorgesehen. Die eigentliche Substanz des Vertrages besteht darin, daß er den Vereinigten Staaten ihre Stützpunkte auf den japanischen Inseln garantiert und daß die Japaner in der Existenz dieser Stützpunkte und in der Anwesenheit amerikanischer Truppen eine faktische Schutzgarantie der Vereinigten Staaten für sich sehen. Im übrigen blieb die japanische Verteidigungskonzeption bis in die jüngste Zeit bestimmt von dem Grundsatz, daß Artikel 9 der Verfassung lediglich (wenn überhaupt) Vorkehrungen zur Abwehr eines unmittelbaren Angrifs auf das eigene Territorium erlaube; daß die japanischen Streitkräfte daher nur „Selbstverteidigungskräfte" (SDF) sein dürften und daß sie in ihrer Stärke, ihrer Bewaffnung und ihrem militärischen Auftrag diesem Grundsatz entsprechen müßten. Die Folge war, daß sie bei einer fast doppelt so großen Bevölkerungszahl wie der deutschen nur wenig stärker sind als die halbe Bundeswehr, daß ihnen jeder Einsatz außerhalb des eigenen Territoriums versagt ist, daß der japanische Verteidigungsetat seit vielen Jahren stets unterhalb der magischen Zahl von 1 Prozent des Bruttosozialproduktes bleibt. Eine mißtrauische, lange Zeit den SDF gegenüber sogar feindlich gestimmte Bevölkerung wacht über die strikte Einhaltung dieser Grundsätze. Erst unter dem Eindruck des amerikanischen Rückzuges aus Vietnam, des Disengagement im Pazifik und der sowjetischen Rüstungssteigerungen auch an den fernöstlichen Grenzen hat sich in diesen Fragen ein Stimmungswandel angebahnt.

Wenn wir uns noch einmal einen Augenblick an die in Deutschland und Japan angestrebten Besatzungsziele erinnern, bleibt von diesen noch ein weiterer Punkt offen: die Zerschlagung der wirtschaftlichen Machtpositionen des Besiegten und insbesondere die Entflechtung der großen Industrie-Konzerne — in Japan besonders der großen Familien-Unternehmen, der „Zaibatsu".

Auch Japan befand sich nach der Kapitulation in einem Zustand des wirtschaftlichen Zusammenbruchs und am Rande des Verhungerns seiner Bevölkerung. Inflation, drückende Reparationslasten, die durch Demontagen und Transfer von Industrie-Anlagen an die durch Japan kriegsbeschädigten Länder realisiert wurden, Flüchtlingsströme aus den verlorenen Überseegebieten. Aber schon ab 1947/48 bahnte sich ein Wandel der Besatzungspolitik an, für den ein von George Kennan vorgelegter, im Oktober 1948 vom National Security Council angenommener Bericht das Stichwort „Wirtschaftliche Stabilisierung" gab. Die Reparationslasten wurden drastisch vermindert, die Demontagen hörten auf (sie bewirkten langfristig, wie in Deutschland, die Modernisierung der japanischen Industrieausrüstung), eine umfangreiche bilaterale Wirtschaftshilfe der USA erreichte insgesamt etwa zwei Milliarden Dollar. 314 von 324 Firmen, die von dem im Dezember 1947 in Kraft gesetzten Entflechtungs-Gesetz betroffen waren, wurden schon im Mai 1948 wieder von seiner Anwendung ausgenommen. Früher und rascher als in Deutschland wurde das wirtschaftliche Besatzungsregime gelockert und schließlich aufgehoben — was allerdings nichts daran änderte, daß im Prozeß der wirtschaftlichen Erholung und des wirtschaftlichen Aufschwungs ein etwa 10jähriger Entwicklungsabstand zu dem der Bundesrepublik bestehen blieb, den Japan erst in den 70er Jahren aufgeholt hat.

VI. Der deutsche und der japanische Weg im Rückblick

Lassen Sie mich versuchen, das Ergebnis dieses Vergleichs Japan — Deutschland knapp zusammenzufassen und die Folgerungen zu formulieren, die sich daraus für den deutschen Weg der Besatzungsbeendigung und des Übergangs zu einer vertraglich umrissenen Souveränität ergeben.

Das Besatzungsregime in Japan endete drei Jahre früher als das deutsche. Es war in seinem Gesamtcharakter weniger einschneidend, weniger drückend, weniger feindselig. Die Japaner haben es in mehrfacher Hinsicht leichter gehabt als wir —was sich darin widerspiegelt, daß die Verhandlungen über einen Friedensvertrag durch den Kalten Krieg nicht unterbrochen wurden und daß sie, als es nicht mehr um den Kreis der Beteiligten und das Verfahren ging, in der letzten substantiellen Phase vor San Francisco im Laufe eines Jahres abgewickelt werden konnten und daß sie sich überdies überwiegend auf schriftlichem Wege, ergänzt durch informelle

Kontakte, abspielten. Sie führten auch sofort weiter als bei uns, nämlich zu einem Friedensvertrag und zu einem Sicherheitsvertrag, der alle fortdauernden Truppen-Stationierungen auf eine eindeutig vertragliche Basis stellte. Japans Souveränität wurde anerkannt, und von irgendwelchen Vorbehalten einer fremden obersten Gewalt war nicht die Rede. Die Sowjetunion allerdings, deren Beteiligung bei uns von vornherein nicht in Frage kam, verweigerte in San Francisco ihre Unterschrift. Für die Zukunft bleibt ein Friedensvertrag mit ihr eine offene, von den Japanern bilateral zu regelnde Angelegenheit. Weder die Vereinigten Staaten noch irgendeine der anderen Siegermächte fühlen sich dafür künftig noch verantwortlich. Ebenso wenig erhielten die Japaner irgendwelche Unterstützungszusagen für von ihnen verfolgte politische Ziele. Andererseits wurde ihre Wehrhoheit (das „unabdingbare Recht auf individuelle oder kollektive Selbstverteidigung", Art. 5c) vorbehaltlos und ohne irgendwelche Rüstungsbeschränkungen anerkannt. Das paradoxe Ergebnis war, daß Rüstungsbeschränkungen für Japan nur auf Grund der eigenen Verfassung bestehen.

Dem steht auf der deutschen Seite ein Vertragswerk gegenüber, das die Souveränität mit Vorbehalten belastet hat; das ihre Wiederherstellung mit der Verpflichtung zu einem Verteidigungsbeitrag verknüpft hat, diesen aber zugleich gewissen genau festgelegten Rüstungsbeschränkungen unterwarf; das aber andererseits die Bundesrepublik zu einem Partner des atlantischen Bündnisses machte und sie damit wesentlich stärker in die Solidarität und Zusammenarbeit der westlichen Völkergemeinschaft einbezog, als dies der Sicherheitsvertrag in Bezug auf Japan getan hatte. Anders als dieses hat die Bundesrepublik dem übermächtigen Bündnispartner USA nie allein gegenübergestanden, sondern häufig gestützt und gestärkt durch die europäischen Bündnispartner.

Die Japaner selbst haben es bis zum heutigen Tage als einen Nachteil ihrer Situation empfunden, daß sie im Kreise der westlichen Industriestaaten eine gewisse isolierte Außenseiterrolle spielen; und daß es in ihrer Beziehung zum Westen keine Entsprechung dafür gibt, daß sich die Vertragspartner der Pariser Verträge auf gewisse Grundlinien einer gemeinsamen Politik verpflichtet haben.

Ein Vertragswerk wie dieses hat seine Vor- und Nachteile. 1955 waren auch diejenigen, die es innenpolitisch zu vertreten und zu verteidigen hatten — gegenüber der parlamentarischen Opposition wie auch vielen anderen Kritikern gegenüber — keineswegs der Überzeugung, eine optimale oder auch nur günstige Lösung erreicht zu haben; aber, so glaubten sie, man konnte mit ihr leben und konnte darauf vertrauen, daß sie einer günstigen politischen Entwicklung nicht im Wege stand, sondern ihr Entfaltungsspielraum gewährte und dadurch selbst in deren praktischer Anwendung günstig beeinflußt wurde. Das war Adenauers Überzeugung, der in dieser Frage Pragmatiker war. Mir scheint, daß die Entwicklung ihm recht gegeben hat. Das Gewicht der Bundesrepublik, die im Atlantischen Bündnis bald die konventionell stärkste Kraft auf dem europäischen Kontinent wurde, in der Europäischen Gemeinschaft die stärkste Wirtschaftsmacht, die wegen ihrer inneren Stabilität und ihrer außenpolitischen Kontinuität geschätzt wurde, brachte sich von selbst zur Geltung und ließ manche lästigen Klauseln des Vertragswerks rasch bedeutungslos werden. Welche Redeschlachten sind 1951—55 um die vorbehaltenen Notstandsrechte der früheren Besatzungsmächte geschlagen worden — und was ist von diesen nie angewandten Rechten übrig geblieben? Wie erleichtert waren wir in der Berlin-Krise von 1961/62, daß die Westmächte die volle Verantwortung für Berlin behalten hatten; daß man Anfang der siebziger Jahre bei der Aushandlung der Ostverträge und des Berlin-Abkommens darauf verweisen konnte, daß die Verträge die Vier-Mächte-Verantwortung für Deutschland als Ganzes aufrechterhalten hatten — mitsamt den Verträgen, die wir mit den Westmächten unter dem Dach dieser Viermächteverantwortung geschlossen hatten und ihrer darin enthaltenen Verpflichtung, zusammen mit der Bundesrepublik eine Politik zur Wiederherstellung der Einheit Deutschlands zu verfolgen, die auch nach Abschluß der Ost-Verträge das im Grundgesetz festgeschriebene Ziel der Bundesrepublik bleibt (wie im „Brief zur deutschen Einheit" betont, der den Moskauer Vertrag begleitete.)

Wenn die in den kritischen Jahren 1948/49 und 1951/52 getroffene Entscheidung für die Verbindung mit dem Westen unausweichlich sowohl wie historisch und politisch richtig war, so gilt dies auch für die spezifische Art und Weise, wie das Besatzungsregime beendet und durch die Verträge von 1952/54 ersetzt wurde.

Absolute Souveränität gibt es in unserer Zeit ohnehin nicht mehr. Was damals an Begrenzungen akzeptiert wurde, lag ebenso im deutschen Interesse wie in dem Europas und des Westens. Rein optisch mag die japanische Lösung sauberer und konsequenter erscheinen. Rückblickend spricht alles dafür, daß uns eine Lösung nach dem japanischen Modell mehr Nachteile als Vorteile eingebracht hätte. Für Deutschland war die Lage schwieriger und komplizierter. Dem hat man Rechnung getragen — und das zu tun war ein Akt der politischen Vernunft.

Autoren:

Grewe, Wilhelm, Prof. Dr. Dr. h. c., Botschafter a. D., Bonn.
Hockerts, Hans Günter, Prof. Dr., Historisches Seminar der Universität Frankfurt/M.; seit 1. 4. 1986 o. Prof. für Zeitgeschichte an der Universität München.
Schwarz, Hans-Peter, Prof. Dr., Seminar für Politische Wissenschaft und Forschungsinstitut für Politische Wissenschaft und Europäische Fragen an der Universität zu Köln; seit 1. 4. 1987 Lehrstuhl für Wissenschaft von der Politik u. Zeitgeschichte an der Universität Bonn.
Sontheimer, Kurt, Prof. Dr., Geschwister-Scholl-Institut für Politische Wissenschaft der Universität München.
Treue, Wilhelm, Prof. Dr. Dr. h. c., em. o. Prof. an der Technischen Universität Hannover.

Herausgeber:

Funke, Manfred, Dr., Studiendirektor am Seminar für Politische Wissenschaft der Universität Bonn.